保育で使える mocaちゃんの あそびアイデア BOOK

mocaちゃんTime 著

阿部直美 手あそび監修

JN108665

日本文芸社

CONTENTS

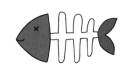

PART3 作ってあそぼう

PART4 動いてあそぼう

mocaちゃんオリジナル型紙＆図案集

演じる作品やあそび、製作する物については、園の教育方針に従い、持ち時間や自身の状況に応じて、気に入ったものを実践してみてくださいね。

本書の使い方

推奨年齢

子どもと一緒にあそぶ場合の、おすすめの対象年齢。

振りつけ例

手あそび歌の振りつけ例を、写真付きでわかりやすく解説しています。

mocaちゃん's ワンポイント

演じるときのポイントやアレンジなど、より楽しくあそぶためのポイントをまとめています。

楽譜

PART1 では、すべての歌に楽譜を掲載しています。

PART3、PART4 では、作品の作り方を写真付きでわかりやすく解説♪

用意するもの

あそびを始めるまえに、用意するものをリストにまとめています。

演じ方

PART2 では、セリフ付きで演じ方を解説しています。

歌ってあそぼう

人気の手あそび歌を、
振りつけのお手本付きで紹介。
ピアノ伴奏ができる楽譜も収録しているので、
どんなシーンでも使えます♪

シアターあそびや読み聞かせの前に

はじまるよ

 **①** はじまるよ

体の右側で、拍手するように両手をパンパンパンと3回たたく。

② はじまるよ

反対側で両手を3回たたく。

③ はじまるよったら はじまるよ

①②と同じ動きをくり返す。

④ いちと

右手の人差し指を立てる。

⑤ いちで

左手の人差し指も立てる。

⑥ にんじゃさん

そのまま両手を上下に重ねて、忍者のニンニンポーズをとる。

⑦ にん

軽く両手を振り上げる。

 2番 **3番** **4番** **5番**

①〜**③**の動きをくり返したあと、2番なら「にと、にで……」で指を2本ずつ立てる。同様に3、4、5番と1本ずつ指を増やす。

最初は明るく元気に歌い始め、子どもたちの注目を集めましょう。最後の「手はおひざ」で声を小さくすると、静かに聞いてもらいやすくなりますよ。読み聞かせをするときにもぴったり！

2番 8 カニさん

人さし指と中指を立てたまま、カニのはさみのように両手を左右に開く。

9 チョキン

はさみで切るイメージで、両手の手首を左へ振る。

3番 10 ねこのひげ

ひげをイメージして、両手の3本の指をほっぺたに当てる。

11 ニャー

⑩のポーズのままでニャーと鳴く。

4番 12 タコのあし

両指を4本にして両手をだらんと下げて、タコをイメージして左右に大きく振る。

13 ヒュー

両手を左右どちらかに振り上げる。

5番 14 てはおひざ

両手を開いて、顔の左右でひらひらと動かす。

15 ぴっ

ひざに両手を置く。

はじまるよ

【作詞・作曲】不詳
【編曲】Y.Imamura

はじ まる よ　　　はじ まる よ　　　はじ まる よっ たら はじ まる　よ

1. い	ち	と と	い	ち	で で
2. に	ー	と と	に	ー	で で
3. さ	ん	と と	さ	ん	で で
4. よ	ー	と と	よ	ー	で で
5. ご	ー	と	ご	ー	で

に	ん	じゃ さ	ん	にん チョキン
カ	ニ	ニ の さ	ん	ニャーヒュー
ね	コ	の あ	ひ	し
タ	は	の お	ひ	ざ
て		お	ひ	ざ ぴっ

秋に歌いたい曲といえばこれ！

虫のこえ

1番 ① あれ　まつ

右腕を左腕で支えて、ほおづえをつく。

② むしが

腕を入れ替えて、反対側でほおづえをつく。

③ ないている

両手を広げて、ゆっくり左右に振る。

④ チンチロ　チンチロ
チンチロリン

手のひらをひらひらと回す。

⑤ あれ　すずむしも
なきだした
リンリン　リンリン
リーンリン

①〜④と同じ動きをくり返す。

⑥ あきのよながを

そのまま両腕を頭の上へ持ってくる。

⑦ なきとおす

手のひらをひらひらと回す。

⑧ ああ

右手を左肩にのせる。

次のページへつづく

9 おもしろい

左手を右肩にのせて、両手をクロスする形に。

10 むしのこえ

指先で両肩を小さくポンポンポンと3回たたく。

2番 **11** キリキリ
キーリキリ

手のひらをひらひらと回す。

12 こおろぎや

両手を左右に下ろし、はばたくように動かす。

13 ガチャガチャ
ガチャガチャ

パーの手で、両腕を互い違いに上げ下げする。

14 くつわむし

⑬をくり返す。

15 あとから　うまおい
おいついて

追いかけるイメージで、両腕を前後に振る。

16 チョンチョン
チョンチョン　スイッチョン

両手の人さし指を立て、軽く上下に振る。

17 あきのよながをなきとおす
ああおもしろいむしのこえ

1番の❻〜❿に同じ。

虫のこえ

文部省唱歌
【編曲】Y.Imamura

♩=80

1. あれまつ むしが ないてい る
2. キリキリ キリキリ こおろぎ や

チン チロ チン チロ チン チロ リン あれすず むしも
ガチャ ガチャ ガチャ ガチャ くつ わむし あと から うまおい

なきだし た リン リン リン リン リーン リン
おいつい て チョン チョン チョン チョン スイッチョン

あきの よながを なきとおす

ああ おも しろい むしのこえ

1
歌ってあそぼう

mocaちゃん's
ワンポイント

歌詞がやや長く、振りつけのバリエーションも多いので、事前に一通りおさらいしておくと安心ですよ。

最後は大きなくじらさんが登場！

いわしのひらき

1番 ① いわしの

両手の人さし指を合わせて、前へ突き出す。

② ひらき

魚のひらきをイメージして、手のひらを上にする。❶❷をもう一度くり返す。

③ いわしのひらきが

❶❷と同じ動きをくり返す。

④ しおふいて

指を立てたまま、両手のこぶしをくっつける。

⑤ パッ　それ

魚が潮を吹くイメージで、両手をパッと開く。

⑥ ズンズン　チャチャ

左腕をくねらせながら右へ動かし、右肩あたりまで持っていく。これをくり返す。

⑦ ズンズン　チャチャ

今度は右腕を⑥と同じように左へ動かし、左肩あたりへ持っていく。

⑧ ホッ

「ズンズン　チャチャ」を3回くり返したあと、左腕を右のほっぺたに当てる。

2番 ⑨ にしんのひらき

⑩ にしんのひらきが

3番 ⑪ さんまのひらき

⑫ さんまのひらきが

　2番なら「にしんのひらき」で指を2本ずつ合わせて、「さんま」なら3本と指を増やしていく。「ズンズン　チャチャ」は⑥〜⑧に同じ。

いわしのひらき

【作詞・作曲】不詳
【編曲】Y.Imamura

♩=100

4番 **13** しゃーけのひらき

14 しゃーけのひらきが

「しゃーけのひらき」で指を4本ずつ合わせる。「ズンズン　チャチャ」は❻〜❽に同じ。

5番 **15** くじらのひらき

「くじらのひらき」で指を5本ずつ合わせる。「ズンズン　チャチャ」は❻〜❽に同じ。

16 くじらの

両手を開いて、前へ突き出す。

17 ひらきが

両手を外側に回して開く。

18 しおふいて

両手を前で合わせる。

19 ドカーン

両手を開いて元気よく上げる。以降は❻〜❽をくり返す。

身振りで大きさを表現しよう
ちいさなにわ

1番 **1** ちいさなにわを

両手の人差し指を立てて指先で小さな四角形を描く。

2 よくたがやして

両手を合わせて、くわを振るように前後に動かす。

3 ちいさなたねを

種をイメージして、指先で小さなだ円形を描く。

4 まきました

左手にのせた種をつまんで、畑にまくしぐさをする。

5 ぐんぐんのびて

両手を合わせて、腕をくねらせながら上へのばしていく。

6 はるになって

顔の前に合わせた両手をもってくる。

7 ちいさなはながさきました

❻のポーズをキープ。

8 ポッ

花が開くように、合わせた人さし指をポッと開く。

ちいさなにわ

【作詞・作曲】不詳
【編曲】Y.Imamura

♩=100

1. ちいさな
2. ちゅうくらいの
3. おおきな
にわを よくたがやして

ちいさな
ちゅうくらいの
おおきな
たねを まきました ぐんぐんのびて

はるになって
ちいさな
ちゅうくらいの
おおきな
はなが さきました
ポッ
ポワッ
ワッ

2番 ちゅうくらいのはなが
さきました

3番 おおきなはなが
さきました

mocaちゃん's
ワンポイント

口の開け方や表情も変え
れば完璧ですよ♪

2番と3番は歌詞に合わせて徐々に振りを大きくしていく。「ちいさな」「ちゅうくらい
の」「おおきな」の差がわかるように、動きの大きさにしっかりと変化をつけて。

手あらい習慣を楽しく身につける

おててをあらいましょう

1番 ① おててを

パーの手で、両手を左右に振る。

② あらいましょう

手を洗うように、両手をこすり合わせる。

③ きれいにしましょう

両手を挙げて、手のひらをひらひらと回す。

④ おててを

パーの手で、両手を左右に振る。

⑤ あらいましょう

手を洗うように、両手をこすり合わせる。

⑥ きゅっ きゅっ

左手で右手首をつかみ、右手首を左右にひねる。

⑦ きゅっ きゅっ

右手で左手首をつかみ、左手首を左右にひねる。

⑧ ぽん ぽん ぽん

リズムに合わせて手を3回たたく。

mocaちゃん's
◇ ワンポイント ◇
ふだんから子どもたちと歌うことで、楽しみながら歌に合わせて手あらいをする習慣が身につきますよ♪

おててをあらいましょう

【作詞・作曲】不詳
【編曲】Y.Imamura

♩=120

おてーてを

あらいましょう　きれいに　しましょう

おてーてを　あらいましょう

きゅっ　きゅっ　きゅっ　きゅっ　ぽん　ぽん　ぽん

いろんなお店にアレンジしても◎

やおやのおみせ

 1番 ① やおやのおみせにならんだ
しなものみてごらん

リズミカルに手をたたく。

② よくみて

右手を額に、左手を腰に当てる。

③ ごらん

両手を入れ替えて、❷と同じポーズをとる。

④ かんがえて

右腕を左腕で支えて、考えるポーズ。

⑤ ごらん

両手を入れ替えて、❹と同じポーズをとる。

⑥ あったらふたつ
てをたたこう

リズミカルに手をたたく。

 **ゲーム部分**

⑦ （やおやにあるものなら）
リーダーが「ある　ある」

「ある　ある」と言いながら手を2回たたく。

⑧ （やおやにないものなら）
リーダーが「ない　ない」

「ない　ない」と言いながら両手でバッテンを作る。

▷ mocaちゃん's
ワンポイント ▷

リーダーがみんなの前に立ち、始めます。❶～❻までは全員で動作をします。歌詞をパン屋、動物園など、やおや以外の身近なお店にアレンジしてもOK。

やおやのおみせ

フランス民謡
【訳詞】シマダナオミ
【編曲】Y.Imamura

♩=120

や ー おやの　おみせにならんだ

し ー なもの　みてごらん　よくみてごらん

かんがえてごらん　あったらふたーつ　てをたたこう

ゲーム部分

ブロッコリー「あるある」　にんじん「あるある」
な ー す「あるある」　とけい「ないない」

たまごから生まれたものは!?

まあるいたまご

1番 ① まあるいたまごが

両手でたまごの形を作る。

② パチンとわれて

1回手をたたく。

③ かわいい　ひよこが

ひよこをイメージして、両手を小さく広げる。

④ ピヨッ　ピヨッ　ピヨッ

はばたくように、両手を小さく上下させる。

⑤ まあ　かわいい

こぶしを握って体をふるわせる。

⑥ ピヨッ　ピヨッ　ピヨッ

はばたくように、両手を小さく上下させる。

2番 ⑦ かあさんどりの

右手、左手の順で、胸に手をあてる。

⑧ おはねの　したで

両手で肩をポンポンと2回たたく。

⑨ かわいい　おくびを

右手、左手の順で、腰に手をあてる。

まあるいたまご

【作詞・作曲】不詳
【編曲】Y.Imamura

1. まあ るい たまごが　パチンとわれて
2. かあさんどりのー　おはねのしたで
3. あ おいおそらが　まぶしくてーー

ひよこが　ピヨッ ピヨッ ピヨッ　まあかわいい　ピヨッ ピヨッ ピヨッ
おくびをを　ピヨッ ピヨッ ピヨッ　　　　　　　ピヨッ ピヨッ ピヨッ
おめめを　クリッ クリッ クリッ　　　　　　　クリッ クリッ クリッ

かわいい

10 ピヨッ　ピヨッ　ピヨッ

頭を左右に振る。

11 まあ　かわいい

5に同じ。

12 ピヨッ　ピヨッ　ピヨッ

10に同じ。

3番 **13** あおい　おそらが

両手を高く上げる。

14 まぶしくてー

両手で目を隠し、光をさえぎるしぐさ。

15 かわいい　おめめを
クリッ　クリッ　クリッ

両手を輪っかにして、目の前で左右に回す。

16 まあ　かわいい

5に同じ。

17 クリッ　クリッ　クリッ

15に同じ。

mocaちゃん's
ワンポイント

ひよこが出てくる場面でジャンプするなど、全身を大きく動かせば、準備体操としても活用できますよ！

1

歌ってあそぼう

あそびをもり上げるコツは？

POINT 1

表情やリアクションは おおげさなくらいが◎

手あそびやシアターあそびでは、内容に合わせて表情豊かに演じると、子どもの興味を引きやすくなります。手をほほに当てて考えるポーズをしたり、手を振ったりと、手振りを加えるとさらにもり上がりますよ。

POINT 2

明るい笑顔を忘れずに！

先生がニコニコしていると、子どもたちも明るい気持ちになり、自然と笑顔になります。ふだんから笑顔を心がけて、子どもたちに愛される先生になりましょう！

POINT 3

季節感を感じるあそびで 子どもの感受性を育てる

春は桜、夏は花火、秋は落ち葉、冬は雪だるまなど、四季を感じる歌やモチーフを取り入れるのもおすすめ。あそびながら四季を体感することで、子どもの感性も豊かになります。

シアターであそぼう

子どもたちの好奇心をくすぐる、
楽しいシアターあそびがいっぱい。
楽しくマナーを学べる、
mocaちゃんオリジナルの紙しばいも！

逃げたちょうちょさんはどこ？

ちょうちょをさがそう

| 用意するもの | □ スケッチブックに描いたシアター用イラスト　7枚 |

Ⓐ 導入

Ⓑ お花

Ⓒ 先生とお友だち

Ⓓ 女の子（アップ）

Ⓔ ぶどう

Ⓕ 朝ごはん

Ⓖ 女の子（全身）

◁ mocaちゃん's ワンポイント ▷

それぞれのイラストに合わせて、画用紙でちょうちょを作ります。ちょうちょをつける部分に、地の色と同じ色で塗った面ファスナーを貼り、ちょうちょにも面ファスナーを貼ります。Ⓓのサングラスのみ、面ファスナーではなく、貼ってはがせるテープを使っています。これでしかけが完成！

1

これからみんなで
ちょうちょさんを
さがすよ。
どこにいるかな?

Ⓐの絵を見せながら、子どもに
ちょうちょをさがしてもらうよ
う、言葉をかける。

ピンポンピンポーン!
ここにもう1匹
ちょうちょさんが
いたね。
あっ、にげちゃった!

2

面ファスナーで貼りつけておい
たちょうちょをはがし、どこか
へ飛んでいくようすを見せる。

3

わあ、きれいなお花畑!
ちょうちょさんは
どこに行っちゃったんだろう?

みんなわかる?
どこかな、
どこかな〜

Ⓑの絵を見せながら、ちょう
ちょを探すそぶりをし、子ども
たちにも探してもらう。

4

えっ、ここ?

本当だ、
ちょうちょさんがいた!
きれいなピンク色の
ちょうちょさんだね

ちょうちょを指さしたあ
と、イラストから取り外し
て、子どもたちに見せる。

5

ひらひらひら〜

またちょうちょさんが
逃げちゃった!
待て待て〜!

ちょうちょが飛んでいくよ
うに動かし、子どもに見え
ないようエプロンのポケッ
トにしまう。

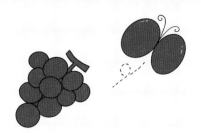

6

次は園の先生と
お友だちがいるね

ちょうちょさんは
どこに行ったんだろう。
みんな、どこか教えて？

©の絵を見せながら、子ども
たちにちょうちょを探しても
らうよう声をかける。

7

なになに、リボン？
リボンだと思ったら
ちょうちょさん
だった！

またどこか行っちゃった、
ひらひらひら～

ちょうちょを取り外して、胸元につ
けて見せたあと、❺と同様にちょ
うちょを隠す。

8

先生がサングラスを
かけているね。
このサングラス、
ちょうちょさん
なのかな？

⑩の絵を見せながら、サ
ングラスに注目するよう
に言葉をかける。

10

なになに？
リボンも
ちょうちょさん？

子どもたちがリボンの
ちょうちょに気づいた
ら、リボンを指さして
みせる。

見てみようか。
ちょうちょさん
だったね！

9

ちょうちょを取り外し
て、頭の上にかざして
見せる。

本当だ、リボンも
ちょうちょさん
だった！
どこかへ行っちゃう、
ひらひらひら～

11

ちょうちょを取り外し
て、髪につけて見せた
あと、❺と同様にちょ
うちょを隠す。

mocaちゃん's
ワンポイント

子どもたちにちょうちょを探してもらうときは、
「えっ、どこどこ？」「ここ？」と絵を指さしながら
やりとりを。答えを見つけられたら「本当だ！　こ
こにいたね」としっかりリアクションしましょう。

12 わあ、おいしそうな
ぶどうがあるね。
ちょうちょさんは
いるかな？

Eの絵を見せながら、
ちょうちょの場所を尋
ねて、子どもたちの反
応を見る。

14 おいしそうなパンと
野菜と目玉焼きだね。
ここにもちょうちょさんが
いる？　どこどこ？

Fの絵を見せながら、子ど
もたちにちょうちょを探し
てもらうよう声をかける。

上のほう？
これだ！
むらさき色の
ちょうちょさんだ、
ひらひらひら〜

13

ちょうちょを指さし、取
り外したあと、5と同様
にちょうちょを隠す。

このたまごが
ちょうちょさん？
本当だ、目玉焼きだと
思ったら
ちょうちょさんだった！

15

ちょうちょを指さし、取
り外したあと、5と同様
にちょうちょを隠す。

かわいい女の子が
いるね。
えっ、リボン？
これはちょうちょさん
じゃないみたい

ピンポンピンポーン！
みんなが言ったとおり、
お洋服は大きい
ちょうちょさんだったね

女の子は全然違う服を
着ていたね。
ちょうちょさん、
ばいばーい

16

お洋服が
ちょうちょさんかな。
見てみようか

スケッチブックを縦にし
て、Gの絵を見せ、子ど
もたちにちょうちょを探
してもらう。

17

おしまい！

ちょうちょを取り外したあと、
どこかへ飛んでいくように動か
し、シアターを締めくくる。

めくると正体がわかる！

かくれているのは？

かくれんぼ シアター

用意するもの □ シアター用のイラスト　6種×2枚

Ⓐ ハチ

1枚目　　2枚目

Ⓑ うさぎ

1枚目　　2枚目

Ⓒ てんとう虫
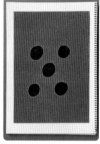

1枚目　　2枚目

Ⓓ へび

1枚目　　2枚目

Ⓔ 小鳥

1枚目　　2枚目

Ⓕ ちょうちょ

1枚目　　2枚目

mocaちゃん's ワンポイント

クイズ用のイラストは、スケッチ ブックに色画用紙を貼りつけてか ら描きます。次のページを生き物 の輪郭になるように切り、触角や 手足を描けば準備OK。これを6 セット作ります。

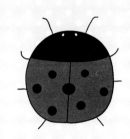

①

ぶーん、ぶーん
黄色と黒の
しましま模様の
虫さんがやってきました

Ⓐの１枚目を見せながら、子どもたちにヒントを与える。

②

羽もないし、
誰だろうね？
みんな、わかるかな？
ハチさん？

正解を尋ねて、子どもたちの反応を見る。

③

ピンポンピンポーン！
ハチさんがやってきました。
隠れていたみたいだね

スケッチブックをめくって、正解を見せる。子どもたちの反応を見ながら、次のクイズへ。

④

次は誰かな〜
ピンク色で
お耳があるね

みんな、誰かわかるかな？
うさぎさん？

スケッチブックをめくり、Ⓑの１枚目を見せる。
❷と同様に、子どもたちに正解を尋ねる。

⑤

ピンポンピンポーン！
うさぎさんでした。
何か持っているね

スケッチブックをめくって、正解を見せる。子どもたちの反応を見ながら、次のクイズへ。

そうだね、にんじん。
うさぎさんはにんじんが
大好きなんだって

6 次は何かな〜

スケッチブックをめくる。**C**の1枚目を見せて、子どもたちに正解を尋ねる。

赤色に黒い丸が5個あるね。なんだろう？

7 じゃあ答えを見てみるよ。じゃじゃーん！

スケッチブックをめくって、正解を見せる。子どもたちの反応を見ながら、次のクイズへ。

あっ、てんとう虫さんだ！春になるとお花にとまっていることがあるよね

8 次は、次は？さっきと同じように丸が描いてあるけど、今度は緑色だね

ここにもおめめみたいなのがあるけどお豆が4つ転がっているのかな？

スケッチブックをめくり、**D**の1枚目を見せて、子どもたちに正解を尋ねる。

9 じゃあ見てみるよ。あっ、へびさんだ！

スケッチブックをめくって、正解を見せる。子どもたちの反応を見ながら、次のクイズへ。

この丸い模様はへびさんの模様だったんだね

10

これはなんだろう？
青くてふわふわ
しているね

おててかな。
みんなわかる？

スケッチブックをめくり、
Eの1枚目を見せて、子ど
もたちに正解を尋ねる。

11

じゃじゃーん！
小鳥さんだ、
チュンチュン
チュンチュン

こういう
青い小鳥さんも
いるんだって

スケッチブックをめくって、正
解を見せる。子どもたちの反応
を見ながら、次のクイズへ。

次はなんだろう？
ピンクと黄色と
青い模様が描いてあるね

12

スケッチブックをめくる。**F**の1枚目を
見せて、子どもたちに正解を尋ねる。

じゃあ
見てみるよ

じゃじゃーん！
わあ、ちょうちょさんだ

おしまい！

13

こんなにきれいな
ちょうちょさんも
いるんだって！

スケッチブックをめくって、正
解を見せる。最後に、ちょうちょ
にちなんだ歌を歌っても◎

2
シアターであそぼう

31

魔法をかけたら

 変身 シアター

 用意するもの □ シアター用のイラスト　8枚

A レインボーハットグ／ ホットドッグ

B うさぎ／しろくま

C ソフトクリーム／ うんち

D ビル／おにぎり

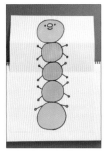
E いもむし／ 雪だるま

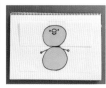

F ロケット／家

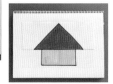

G びっくり箱／ プレゼント

H お誕生日ケーキ／ お城

①

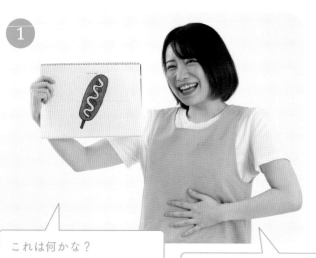

これは何かな？
ホットドッグ？
みんなが呪文をとなえると、
ホットドッグが
変身するんだって！

mocaちゃんパワー！って
元気な声でとなえてね。
じゃあいくよ、さんはい！
mocaちゃんパワー！、
それー！

折りたたんだ🅐を見せて、何の絵
かを質問。呪文をとなえると絵が
変身することを伝えて、絵を指さ
しながら呪文をとなえる。

②

じゃじゃーん！
これ、みんな
知ってる？

🅐を広げて、変身
後の絵を見せる。

ホットドッグにチーズが
入っているんだけど、
見て見て虹色！

mocaちゃん's
ワンポイント

このシアターは、私が好きなもの
を描いたので、「今日は先生が好
きなものを紹介するよ」と言って
から始めます。絵のテーマやシア
ターの始め方は、自由にアレンジ
してみてくださいね。

画用紙の下側、3分の1をスケッ
チブックに貼りつける。両面テー
プかスティックのりを使うと、紙
がしわになりにくい。

最初は画用紙を折りたたんでお
き、広げると変身するしかけ。

2
シアターであそぼう

③

次は何かな〜。
お耳も顔も丸いね、
くまさんかな？
色が白いから
しろくまさん？

スケッチブックをめくり、折りたたんだ **B** を見せる。**❶** と同様に、絵を指さしながら呪文をとなえる。

④

じゃじゃーん！
じつはくまさんじゃなくて
うさぎさんでした〜

B を広げて、変身後の絵を見せる。

⑤

あれれれれー？
これはうんち？
でも、違うんだ

スケッチブックをめくり、折りたたんだ **C** を見せる。**❶** と同様に、絵を指さしながら呪文をとなえる。

⑥

じゃじゃーん、これでも
うんちに見える？
チョコレートの
ソフトクリームでした！

C を広げて、変身後の絵を見せる。

⑦

これはおにぎりかな？
中身を見てみようか

スケッチブックをめくり、折りたたんだ**D**を見せる。❶と同様に、絵を指さしながら呪文をとなえる。

⑧

じゃじゃじゃじゃーん！
おにぎりみたいだったけど
ビルだったね

Dを広げて、変身後の絵を見せる。

⑨

次は雪だるまさんかな？
でも、ほうっておいたら
雪だるまさんは
溶けちゃうかもね

スケッチブックをめくり、折りたたんだ**E**を見せる。❶と同様に、絵を指さしながら呪文をとなえる。

⑩

じゃじゃーん！
にょきにょき〜、
いもむしさんでした！

Eを広げて、変身後の絵を見せる。

11

次はおうちかな？
赤い屋根がかわいいね。
このおうちの中、
のぞいてみる？

スケッチブックをめくり、
折りたたんだ**F**を見せる。
❶と同様に、絵を指さしな
がら呪文をとなえる。

12

シュ──ッ！
おうちじゃなくて
ロケットでした！

Fを広げて、変身後の
絵を見せる。

13

次は……プレゼントが
あるね！
今日は◯月生まれの
お友だちのお誕生会
だから、一緒に中身を
開けてみようか

スケッチブックをめくり、
折りたたんだ**G**を見せる。
❶と同様に、絵を指さしな
がら呪文をとなえる。

mocaちゃん's ワンポイント

「mocaちゃん（◯◯先生）パワー！」
で絵を指さすときは、絵に魔法をか
けているイメージで。子どもたちが
呪文をとなえやすいように、最初に
「さんはい！」と掛け声を入れましょ
う。呪文はアレンジしても◎

びよよよーん！
プレゼントじゃなくて
びっくり箱だった、
先生まちがえちゃったかも！

14

Gを素早く広げて、子ども
たちを驚かせるのがコツ。

15

スケッチブックをめく
り、折りたたんだ 🅗 を見
せる。❶と同様に、絵を
指さしながら呪文をとな
える。

> これが本物のプレゼントです。
> みんな、何かわかるかな？
> 先生と一緒に見てみようか

16

> みんなの声が
> ちょっと小さいみたい。
> もっと大きな声で
> 呪文をとなえることが
> できるかな？

子どもたちの声が小さいとき
は、もっと大きな声を出すよ
うにうながしても。

2

シアターであそぼう

17

> じゃじゃーん！
> お城じゃなくて、
> ○月生まれのお友だちのための
> お誕生日ケーキでした！

> ケーキを食べるまえに、
> おめでとうの気持ちをこめて
> みんなで歌を歌いましょう

おしまい！

🅗を広げて、変身後の
絵を見せる。お誕生
日会の日なら、最後
にバースデーソングを
歌って締めくくると
GOOD！

人気絵本をアレンジ！

探し絵シアター

むれ

用意するもの	□ 探し絵シアター　5枚	□ 拡大イラスト　5枚
	□ 虫めがね	□ マジックシアター　2枚

探し絵シアター

A ひつじのむれ

B うんこのむれ

C 雨のむれ

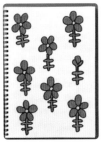

D 花のむれ

E ありのむれ

虫めがね

F 毛のないひつじ

G カラフルなうんこ

H なみだ

I つぼみ

J 違うほうへ歩くあり

マジックシアター

1枚目

K

L

M

画用紙をさした状態　　画用紙を抜いた状態

2枚目

N

O

P

画用紙をさした状態　　画用紙を抜いた状態

K ドーナツ　　　**N** 地球
L サイコロ　　　**O** オムライス
M ボタン　　　　**P** 電車

むれ

作：ひろた あきら
発行：ＫＡＤＯＫＡＷＡ
定価：1,000円＋税

1

こうやっていっぱい
集まっていることを
むれと言うよ。
これは何のむれかな？

Ⓐを見せながら、むれについて
説明し、絵が何のむれなのかを
子どもたちに尋ねる。

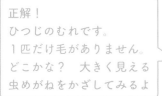

正解！
ひつじのむれです。
1匹だけ毛がありません。
どこかな？　大きく見える
虫めがねをかざしてみるよ

2

虫めがねを取り出し、使い方を
説明する。虫めがねは手に取り
やすい場所に置いておこう。

3

わあ、本当だ！
毛がないひつじさん、
みーつけた！

エプロンのポケットに入
れておいたⒻを虫めがね
にはめて、Ⓐの毛のない
ひつじにあてる。

作り方

虫めがね

①クリアホルダーを切り離して1
枚にする。直径12cmの正円と
半円を1枚ずつ作り、粘着テープ
で貼り合わせる。

③クリアホルダーがポケット状に
なるので、ここに拡大イラストを
差し込む。

②ダンボールを円の直径が15cm
の虫めがねの形に切り、アルミホ
イルで覆う。円の内側に、クリア
ホルダーの半円が裏側になるよう
粘着テープで貼りつける。

色は銀色にすると虫めが
ねっぽく見える。銀色の
油性ペンがあれば、塗る
だけなので簡単。

マジックシアター

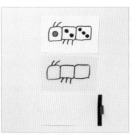

①いろいろなありを描いた画
用紙、輪郭だけを描いたクリ
アホルダー、ビニールテープ
の持ち手をつけた画用紙の3
点で1セット。

②ありを描いた画用紙に、
クリアホルダーを貼りつけ
る。持ち手をつけた画用紙
を差し込むと、ありの絵が
消えて見える。

ありの絵を描く画用紙は、スケッチブックを横3等
分にしたくらいの大きさに。上記の手順でしかけを
作り、スケッチブックに3つずつ貼りつければ、マ
ジックシアターのできあがり。

さあ、これはなーんだ。
正解！　うんこのむれです

ひとつだけカラフルです。
見つけた？　これかな？
よーし、虫めがねで
見てみよう

Ⓑを見せながら、絵が何のむれなのかを尋ねる。子どもたちの反応を見ながら虫めがねをあてる。

じゃじゃーん！
あった、これだ！

カラフルなうんこが
ありました

Ⓖを虫めがねにはめて、Ⓑのカラフルなうんこにあてる。

これは何だろう？
ザーザー、雨のむれです

1粒だけ誰かの
なみだなんだって。
見つけた？

Ⓒを見せながら、絵が何のむれなのかを尋ねる。子どもたちの反応を見ながら虫めがねをあてる。

誰かのなみだが
あったね

えーんえーんって
泣いているのかな。
それとも、うれしすぎて
泣いているのかな？

Ⓗを虫めがねにはめて、Ⓒのなみだにあてる。

これは何のむれ？
ピンポンピンポーン！
花のむれだね

でもひとつだけ
つぼみなん
だって。
どれかな？

Ｄを見せながら、絵が何のむれな
のかを尋ねる。子どもたちの反応
を見ながら虫めがねをあてる。

つぼみがあったね。
これから咲くのかな

Ｉを虫めがねにはめて、
Ｄのつぼみにあてる。

次は難しいよ。これは何の
むれでしょう？
そう、ありさんのむれです

Ｅを見せながら、絵が何の
むれなのかを尋ねる。子ど
もたちの反応を見ながら虫
めがねをあてる。

ありさんのむれの中で、
1匹だけ違うほうへ
歩いているんだって。
もう見つけた？　どこどこ？

本当だ、ここにいたね。
どこへ行くのかな。
1匹だけ違うほうへ
どんどん歩いていくと……

Ｊを虫めがねにはめて、
Ｅの違う向きのありに
あてる。「歩いていくと
……」と話しながら、ス
ケッチブックをめくる。

あれれ、不思議な
ありさんがいるね。
何のありさんだろう？

マジックシアターの1枚目を見せながら、不思議そうな表情を浮かべてみせる。

上から見ていくよ。
丸の中に穴が
空いているね
じゃあ見てみるよ

Kの画用紙の持ち手をつかみ、ゆっくりと引き抜く。

ドーナツの
ありさんだった！
おいしそう！

画用紙を完全に引き抜いて、隠れていた絵を見せる。

次は何だろう。
四角いね。
じゃあ見てみるよ

子どもの反応を見ながら、Lの画用紙の持ち手をつかみ、ゆっくりと引き抜く。

じゃじゃーん、
サイコロだった！
1から6までの数字が
描いてある四角いものを
サイコロって言うんだよ

画用紙を完全に引き抜いて、隠れていた絵を見せる。

いちばん下は何かな。
正解を見てみるよ

子どもの反応を見ながら、Mの画用紙の持ち手をつかみ、ゆっくりと引き抜く。

じゃじゃーん、
カラフルな
ボタンだ！
これはボタンの
ありさんだね

画用紙を完全に引き抜いて、隠れていた絵を見せる。子どもの反応を見ながら、スケッチブックをめくる。

次はどんなありさんが
いるかな？
丸くて模様が描いて
あるね。見てみるよ

子どもの反応を見ながら、
Nの画用紙の持ち手をつか
み、ゆっくりと引き抜く。

その下は何かな？
ちょっと頭が
とがっているね

子どもの反応を見なが
ら、◎の画用紙の持ち
手をつかみ、ゆっくり
と引き抜く。

じゃじゃーん、
これなんだ？
そうだね、
地球のありさんです

画用紙を完全に引き抜
いて、隠れていた絵を
見せる。

正解は……
じゃじゃーん！
オムライスの
ありさんだって

画用紙を完全に引き抜
いて、隠れていた絵を
見せる。

2

シアターであそぼう

おしまい！

最後はどんな
ありさんだろう？
正解は……

子どもの反応を見ながら、Pの画
用紙の持ち手をつかみ、ゆっくり
と引き抜く。

じゃじゃーん、
電車のありさんだ！
みんなはどの
ありさんが好きだった？

画用紙を完全に引き抜い
て、隠れていた絵を見せる。
最後に、子どもたちに感想
を尋ねる。

かぼちゃに隠れているのは？

かぼちゃのぼうし

ペープサート

用意するもの □ ペープサート　5種

Ⓐ かぼちゃのぼうし　　Ⓑ パンダ　　Ⓒ うさぎ　　Ⓓ コアラ　　Ⓔ おばけ

※ 118 ページにペープサートの
型紙を掲載しています。

1

今日はかぼちゃの
クイズを出します

ⒷⒸⒹⒺをエプロンのポ
ケットにしまっておく。
Ⓐを見せて、子どもたち
にクイズであそぶことを
伝える。

頭にかぼちゃのぼうしを
かぶっている
お友だちがいます。
これは誰だろう？

子どもたちから見えないよう
にⒷの頭をⒶに挟み、誰が隠
れているのかを尋ねる。

2

3

もうわかったかな？

子どもたちの反応を見な
がら、Ⓐをだんだんと外
していく。

4

ピンポン
ピンポーン！
パンダさんでした。
次は次は？

Ⓐを外して、Ⓑを見せ
る。続いて、子どもた
ちから見えないように
Ⓒの頭をⒶに挟む。

mocaちゃん's ワンポイント

118ページの図版をコピーして、それを型に色画用紙を2枚切り抜きます。1枚に顔や手などの正面を描き、もう1枚にしっぽなどの後ろ姿を描きます。その2枚の間に割ったわりばしを挟んで粘着テープで留め、テープのりで色画用紙を貼り合わせるだけで完成。かぼちゃのぼうしは下側を留めず、ペープサートの頭を差し込めるようにしておいて。

5

> かぼちゃをかぶっているのは誰かな？ピンク色で、小さくてかわいいおててがついているね

子どもたちに誰が隠れているのかを尋ね、反応を見ながらⒶをだんだんと外していく。

6

> 正解はうさぎさんでした。わかった人！

Ⓐを外して、Ⓒを見せる。続いて、子どもたちから見えないようにⒹの頭をⒶに挟む。

7

> しっぽしか見えないね。誰かわかるかな？

子どもたちに誰が隠れているのかを尋ね、反応を見ながらⒶをだんだんと外していく。

8

> じゃじゃーん！コアラさんでした

Ⓐを外して、Ⓓを見せる。続いて、子どもたちから見えないようにⒺの頭をⒶに挟む。

9

> 何だろう、とんがっているね

> 何かわかる人！わかったの？　さすが！

子どもたちに誰が隠れているのかを尋ね、反応を見ながらⒶをだんだんと外していく。

10

おしまい！

> じゃじゃーん！正解はおばけさんでした

> かぼちゃを作ってみたい人！じゃあ、みんなで一緒に作ろうか

Ⓐを外して、Ⓔを見せる。このあと、子どもたちと一緒にペープサートを作るのもおすすめ。

防災知識をわかりやすく伝える

もしものときのお約束

ひなん くんれん シアター

用意するもの　□ シアターイラスト　7枚

Ⓐ 警報ベル

Ⓑ 火事のとき

Ⓒ 地震のとき

Ⓓ おさない

Ⓔ はしらない

Ⓕ しゃべらない

Ⓖ もどらない

作り方

火事・地震のとき

イラストを描いたページに重なるページは、左右をのれんのように残し、中央を切り取る。

イラストを描いたページと、ポイントを書いたページでワンセット。ポイントを赤い文字で書くと、目立つので大切さが子どもに伝わりやすい。

のれん状に切った部分にポイントを書き、必要になったらポイントを見せる。

4つのお約束「おはしも」

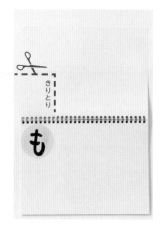

丸い画用紙を貼ったページと、イラストを描いたページでワンセットになる。

最初に頭の1文字だけを見せて、次のページを重ねると約束事とイラストが出てくるしくみ。クイズ感覚で、4つの防災ルールを覚えられる。

イラストを描いたページの左上は、丸い画用紙より大きめに四角く切り取る。

①

ジリジリジリジリ！
警報のベルが鳴りました

音が大きくて
少し怖いなって思う
お友だちもいるかも
しれないね

Ⓐを見せながら、警報ベルが鳴り出したところを表現する。

②

でも大丈夫！　このベルは
「火事だから危ないよ！」
「地震だから危ないよ！」と
教えてくれるベルなんです

みんなのことを
守ろうとして、大きい音で
知らせてくれるんだよ。
だから、ベルが鳴っても
あわてないことが大切です

警報ベルの役割を教えたら、スケッチブックをめくる。

③

もしも園が
火事になって
しまったときは……

Ⓑのイラストを描いたページだけを見せる。

④

お鼻とお口をしっかりと
手で押さえて、
煙を吸わないように
姿勢を低くして移動します

左側のポイントをⒷに重ねて、避難するときの注意事項を伝える。鼻と口を手で押さえるしぐさをするとわかりやすい。

⑤

そして、絶対に
火には近寄らない
ようにしてください

右側のポイントをⒷに重ねて、火に近づいてはいけないことを伝える。説明が終わったら再度Ⓑ全体を見せる。

6

体を揺らして、地震で周囲が揺れているようすを表現する。

ガタガタガタガタ！お部屋が揺れているとき、地震のときは……

7

机の下に隠れて

左側のポイントを Ⓒ に重ねて、地震がきたら机の下に隠れることを伝える。

頭をしっかりと守って、だんごむしのポーズでギュッと丸まるようにしてください

8

右側のポイントを Ⓒ に重ねて、机の下で体を丸めることを伝える。体をギュッと縮めて、だんごむしのポーズを表現。

9

火事と地震のとき、どうしたらいいかわかったよね

そのあと、とても大事なことがあります。それは「おはしも」というお約束です

Ⓓ の1文字だけを書いたページを見せて、防災の大事な約束事「おはしも」があるということを伝える。

10

「おはしも」の「お」は……

話しかけながら、スケッチブックをめくる。

11

「押さない」の「お」です。お友だちを押してしまうと、お友だちが転んで逃げ遅れちゃうかもしれないよね

イラストを見せながら、ほかの子どもを押してはいけないことを伝える。

mocaちゃん's
ワンポイント

9月1日は「防災の日」です。防災訓練を行う
幼稚園、保育園も多いと思うので、このシアター
で防災のポイントをわかりやすく伝えても◎

12

「おはしも」の
「は」は……

話しかけながら、スケッ
チブックをめくる。

14

「おはしも」の
「し」は……

話しかけながら、スケッ
チブックをめくる。

「走らない」です。
あわてて走ると、
転んだりみんなと違う
方向へ行っちゃうかも
しれないよね

13

Ⓔのイラストを見せなが
ら、走ってはいけないこ
とを伝える。

「しゃべらない」。
先生のお話をしっかりと
聞くために、しゃべらない
ことが大切です

15

Ⓕのイラストを見せなが
ら、おしゃべりしてはいけ
ないことを伝える。人さし
指を口にあてるしぐさを交
えると伝わりやすい。

2

シアターであそぼう

16

最後は
「おはしも」の「も」

話しかけながら、スケッ
チブックをめくる。

この４つのお約束、
しっかりと守れる
お友だちー！

18

おしまい！

「もどらない」の
「も」です。
お部屋に人形がある
からって、取りに
戻ったら危ないよ

17

Ⓖのイラストを見せなが
ら、戻ってはいけないこ
とを伝える。火が大きく
なっているかも……など、
具体的な例をあげても。

約束事を守れるかを子どもたち
に尋ね、子どもたちの反応を見
ながら締めくくる。

「おはしも」を
守って安全に
避難しましょう

くるりと回すと絵が変わる！

食べたのだあれ？

用意するもの

□ シアター用の紙皿　9枚

Ⓐ にんじんとうさぎ

1枚目

2枚目

3枚目

Ⓑ 魚とねこ

1枚目

2枚目

3枚目

Ⓒ りんごとぞう

1枚目

2枚目

3枚目

オモテ

きりとり

Ⓐ Ⓑ Ⓒ 各3枚ずつ紙皿にイラストを描き、同じ向きで3枚を重ねて、6時の方向に切り込みを入れる。

ウラ

Ⓐ Ⓑ Ⓒ それぞれの1枚目の裏側に、うさぎの耳、ねこのしっぽ、ぞうの鼻を貼りつける。折り返して隠せるように、あらかじめ折り目をつけておくのがポイント。

紙皿の回し方

①手前から1枚目、2枚目、3枚目の順に紙皿を重ねて持つ。

②1枚目の切り込みを3枚目の切り込みに差し込む。

③1枚目を時計回りにゆっくりと回す。

④回しきると、2枚目の絵が出てくる。

⑤2枚目の切り込みを1枚目の切り込みに差し込み、時計回りに回す。

⑥回しきると、3枚目の絵が出てくる。

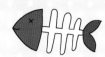

①

これなーんだ？
正解！　にんじんさんです
とってもおいしそうだから
食べたいね

じゃあみんなで
「ごちそう、ごちそう、
いただきます」って
言おうか。
行くよ、さんはい！

Ⓐの1枚目を見せて、子どもたちに何の絵か尋ね、「ごちそう〜」の合言葉を一緒に言ってもらう。

②

あっという間に
にんじんさんが
かじられてる！
誰にかじられ
たんだろう

③

Ⓐの2枚目を見せながら、子どもたちに誰がかじったのかを尋ねる。

④

ちらっ、ちらっ。
どこかで見たことが
あるね。次は
「にんじん食べたの
だーれ」って
聞いてみようか

隠しておいたうさぎの
耳を出し、みんなで「に
んじん食べたのだー
れ」と聞いてみるよう
にうながす。

⑤

Ⓐの3枚目の切り込みを
持ち、時計回りに回す。

⑥

うさぎさんだったね。
にんじんもぐもぐ
おいしそうだね

さあ、次は誰かな？

Ⓐの3枚目を見せ、子どもたち
の反応を見ながら、Ⓐを置いて
Ⓑに持ち替える。

⑦

すいすいすい〜
あっ、お魚さんだ
とってもおいしそうな
お魚さんだね

「ごちそう、ごちそう、
いただきます」って
言ってみようか。
いくよ、さんはい！

Bの1枚目を見せて、子どもたち
に「ごちそう〜」の合言葉を一緒
に言ってもらう。

⑧

Bの2枚目の切り込みを
持ち、時計回りに回す。

あっ、
食べられてる！
誰が食べたのかな、
みんなは誰だと
思う？

⑨

Bの2枚目を見せなが
ら、子どもたちに誰が食
べたのかを尋ねる。

⑩

しっぽがふりふり、
これは誰だろう？
お魚さんを食べたのは
誰だか聞いてみようか。
お魚さん食べたのだーれ

⑫

隠しておいたねこの
しっぽを出し、みんな
で「お魚さん食べたの
だーれ」と聞いてみる
ようにうながす。

⑪

Bの3枚目の切り込みを
持ち、時計回りに回す。

あっ、ねこさんだ！
これはねこさんの
しっぽだったんだね

次は誰かな？

Bの3枚目を見せ、子どもたちの
反応を見ながら、Bを置いてCに
持ち替える。

moca ちゃん's
ワンポイント

作り方はすごく簡単だけど、紙皿を回す
のはちょっとコツがいるかも。最初は紙
皿を2枚だけにして、慣れたら3枚セッ
トにするのもおすすめです。

13

おいしそうなりんごさんだ
りんごさん食べたい人！

○の1枚目を見せて、子どもたち
に「ごちそう〜」の合言葉を一緒
に言ってもらう。

じゃあ、またみんなで
「ごちそう、ごちそう、
いただきます」って
言ってみるよ

14

○の2枚目の切り込みを
持ち、時計回りに回す。

誰かがりんごさんを
かじってる！
誰が食べたのかな？

15

○の2枚目を見せなが
ら、子どもたちに誰がか
じったのかを尋ねる。

2

シアターであそぼう

16

ちらっ、ちらっ
青くて長いものが
見えるね。
「りんごさん食べたの
だーれ」って
聞いてみようか

隠しておいたぞうの鼻
を出し、みんなで「り
んごさん食べたのだー
れ」と聞いてみるよう
にうながす。

みんなわかったかな、
ぞうさんのお鼻だったんだね。
りんごさんおいしそうだね。
みんなもどうぞ、あむあむあむ

おしまい！

17

○の3枚目の切り込みを
持ち、時計回りに回す。

18

○の3枚目を見せる。子どもた
ちにりんごを食べさせるしぐさ
をしたあと、みんなで手を合わ
せて「ごちそうさま」を言う。

それじゃあ
手を合わせて、
ごちそうさまでした

53

絵がうかびあがる

マジック
シアター

○△□クイズ

用意するもの	□ マジックシアター　9種
	□ 白い厚紙　9枚

A だるま

クイズに使う面

正解の面

B ドーナツ

クイズに使う面

正解の面

C 風船

クイズに使う面

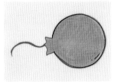
正解の面

D 家

クイズに使う面

正解の面

E ヨット

クイズに使う面

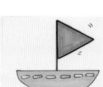
正解の面

F ソフトクリーム

クイズに使う面

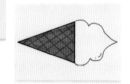
正解の面

G えんぴつ

クイズに使う面

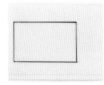
正解の面

H ぼうし

クイズに使う面

正解の面

I 電車

クイズに使う面

正解の面

作り方

① A4サイズのクリアホルダーを、はさみで横半分に切る。

② ①と同じサイズに切った白い厚紙を2枚用意する。

③ 厚紙の一方に正解となる絵を描き、裏側に両面テープを貼る。

④ ①に③を挟み、上下を粘着テープで留めて、右側だけ開いた状態にする。

⑤ ④の上から、絵の○△□になっている部分だけを黒い油性ペンでなぞる。

⑥ 残った白い厚紙を、⑤の右側から差し込めばできあがり。同じ手順で好みの数だけシアターを作る。

絵を挟んだクリアホルダーの表面に、○△□の輪郭を描くだけ。

白い厚紙を差し込むと、このように絵が消えて見える。

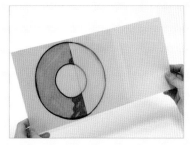

1

今日は丸と三角と四角のクイズを出すよ

クーイズクイズ、まあるいクイズ。これなーんだ？

最初にクイズで遊ぶことを説明。Ⓐのクイズに使う面を見せて、正解が何かを尋ねる。

2

じゃあヒントを見せるよ。もうわかっちゃった？

厚紙を少し引き出して、正解の面をちらりと見せる。

3

じゃじゃーん！正解はだるまさんでした。次は何かな？

厚紙をすべて引き出し、正解の面を見せる。子どもの反応を見ながら、Ⓑに持ち替える。

55

4

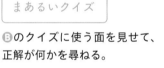
クーイズクイズ、
まあるいクイズ

これは何だろう。
食べるものだよ

Ⓑのクイズに使う面を見せて、
正解が何かを尋ねる。

5

ちょっとだけ
見てみようか

厚紙を少し引き出して、正
解の面をちらりと見せる。

6

ピンポン
ピンポーン！
正解はおいしそうな
ドーナツでした

厚紙をすべて引き出し、
正解の面を見せる。子ど
もの反応を見ながら、Ⓒ
に持ち替える。

クーイズクイズ、
まあるいクイズ。
次は丸だけど、
ちょっとだけ
線が足りないね

7

Ⓒのクイズに使う面を
見せて、正解が何かを
尋ねる。

9

8

少し見てみるよ

厚紙を少し引き出し
て、正解の面をちら
りと見せる。

正解は……
じゃじゃーん！
風船でした。
ふわふわふわふわ〜

厚紙をすべて引き出し、正解
の面を見せる。子どもの反応
を見ながら、Ⓓに持ち替える。

「やってみたいお友だちはいるかな？」と問いか
けて、一緒に厚紙を引いても。食べ物や乗り物な
どのヒントを出すときは、身振り手振りで表現す
ると、子どもたちがより注目してくれますよ。

10

クーイズクイズ、
三角クイズ

この三角は、
何の三角かな？

Ⓓのクイズに使う面を見せて、
正解が何かを尋ねる。

11

何だった？
わかったかな？

厚紙を少し引き出し
て、正解の面をちらり
と見せる。

12

ピンポン
ピンポーン！
正解はおうちの
屋根でした。
次は〜？

厚紙をすべて引き出し、
正解の面を見せる。子ど
もの反応を見ながら、Ⓔ
に持ち替える。

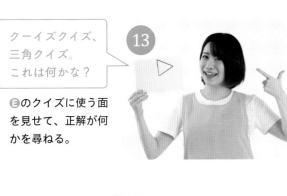

13

クーイズクイズ、
三角クイズ。
これは何かな？

Ⓔのクイズに使う面
を見せて、正解が何
かを尋ねる。

14

ヒントを見せるよ、
何か青いのが
見えたね

厚紙を少し引き出し
て、正解の面をちら
りと見せる。

15

正解は……
じゃじゃーん！
ヨットの旗でした

厚紙をすべて引き出し、正解の面
を見せる。子どもの反応を見なが
ら、Ⓕに持ち替える。

2
シアターであそぼう

57

16

クーイズクイズ、
三角クイズ

この三角は
縦に見るんだって

F のクイズに使う面を見せる。三角を描いた方を下にして持ち、正解が何かを尋ねる。

少しヒントを見せるよ。
あむあむあむ、
おいしい、冷た〜い！
って食べるものだよ

17

厚紙を少し引き出して、正解の面をちらりと見せる。食べるしぐさをして、ヒントを与えても。

18

正解は……
じゃじゃーん！
ソフトクリームでした。
みんなも食べる？

厚紙をすべて引き出し、正解の面を見せる。子どもの反応を見ながら、**G** に持ち替える。

次は四角だよ。
クーイズクイズ、
四角いクイズ。
これは何かな？

G のクイズに使う面を見せて、正解が何かを尋ねる。

19

21

みんながお絵かきを
するときに
使ったことが
あるかもしれないね

20

じゃあ、正解いくよ〜。
じゃじゃじゃーん！
えんぴつでした

厚紙を少し引き出して、正解の面をちらりと見せる。

厚紙をすべて引き出し、正解の面を見せる。子どもの反応を見ながら、**H** に持ち替える。

moca ちゃん's
◁ ワンポイント ▷

マジックシアターは基本的に作るの
が大変なので、簡単バージョンにア
レンジしてみました！ 簡単だけど、
とっても盛り上がりますよ♪

22

> クーイズクイズ、
> 四角いクイズ。
> ヒントは、頭に
> かぶるものだよ

Ⓗのクイズに使う面を見せ
て、正解が何かを尋ねる。

23

> 何だろう。
> ヒントで
> わかっちゃった？

厚紙を少し引き出し
て、正解の面をちらり
と見せる。

24

> 正解はぼうしでした！
> 先生に似合う？

厚紙をすべて引き出し、
正解の面を見せる。子ど
もの反応を見ながら、Ⅰ
に持ち替える。

25

> クーイズクイズ、
> 四角いクイズ。
> 先生が音を
> まねするから
> よく聞いていてね。
> ガタンゴトン～

Ⅰのクイズに使う面を見
せて、正解が何かを尋ね
る。「ガタンゴトン」と
言いながら、Ⅰを揺らす
のも楽しい。

26

> さあ、わかったかな？

厚紙を少し引き出し
て、正解の面をちらり
と見せる。

27

> ピンポンピンポーン！
> 電車でした

おしまい！

厚紙をすべて引き出し、
正解の面を見せる。Ⅰを
走らせるように動かして
締めくくっても。

> みんなは電車に
> 乗ったことある？
> 電車が走っていくね、
> ばいばーい

この動物、だーれだ？

動物クイズ

用意するもの
☐ マジックシアター本体
☐ 本体に差し込むクイズ用イラスト　5枚

A　マジックシアター本体

本体に差し込むクイズ用イラスト

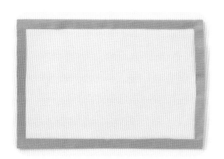

B　くま

C　パンダ

D　トラ

E　ぶた

F　かえる

作り方

使うものは、色画用紙、白い画用紙、クリアホルダー、シャープペンシル、カラーペン、黒の油性ペン、マスキングテープ。画用紙に折り目をつけるときは、シャープペンシルの芯を出さずに、先端で定規に沿ってなぞるとよい。跡がついて折りやすくなる。

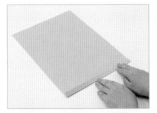

① B4 ほどの大きさの色画用紙を用意し、下側の端を1cm 折る。

② ①を横半分に折る。

③ ②を広げて、折っていない上半分に1cm 四方の枠を書く。

④ 枠の内側を窓のように切り抜く。

⑤ ④の折っていない面と同じくらいの、白い画用紙を用意し、上下を1cm ずつ折ったときに同じサイズになるようにする。

⑥ 白い画用紙の折った部分に両面テープを貼る。

⑦ ⑥に④の窓になった面をかぶせて、上下を貼り合わせる。これでマジックシター本体が完成。

⑧ ⑦よりも少し小さいサイズの、白い画用紙に動物のイラストを描く。

⑨ クリアホルダーを⑧と同じサイズに切り、⑧に重ねて左側をマスキングテープで留めたら、動物の輪郭を黒い油性ペンでなぞる。

⑩ ⑦の下側に⑨のイラストを描いた面、上側にクリアホルダーの面を差し込む。

⑪ イラストが消えたように見える。⑧〜⑩の手順で、クイズ用イラストを5種類作る。

クイズを出すときは、🅐の仕切りの手前側に🅑〜🅕のクリアホルダーの面、奥側にイラストを描いた面を差し込んでおく。次のクイズを出すときも、同じ手順で。

1

今日はみんなに
クイズを出します。
元気いっぱい
答えてくれる
お友だち、
手をあげて！

それじゃあ行くよ。
クーイズクイズ、
動物クイズ。
これは何の動物？

🅐に🅑を差し込んでおき、クイズを出すことを伝えたら、何の動物かを尋ねる。

2

ヒントをあげようか。
ちらっ、ちらっ

わかったかな？
えっ、くまさん？

🅑を少し引き出して、イラストをちらりと見せる。

3

みんなすごいね、
ピンポンピンポーン！

くまさんでした。
次の問題にいくよ

🅑を完全に引き出して、正解を教える。見えないところで、🅐に🅒を差し込んでおく。

4

クーイズクイズ、
動物クイズ

これは何の
動物さんでしょうか。
さっきと同じくまさん？

Ⓐを見せて、何の動物かを
尋ねる。

5

何だろうね、
ヒントほしい？

ちらっ、ちらっ。
わかったかな、
じゃあ正解を見てみようか

Ⓒを少し引き出して、イラ
ストをちらりと見せる。

6

じゃじゃーん！
正解はパンダさん
でした

次は、次は？

Ⓒを完全に引き出して、正解を教
える。見えないところで、ⒶにⒹ
を差し込んでおく。

moca ちゃん's
ワンポイント

子どもたちにヒントがほしいかを聞
いてみて、ほしいと言われたら、イ
ラストを少しだけ見せてあげましょ
う。どこまで見せるかは、子どもた
ちの反応しだいで調整してみて。

⑦

じゃあいくよ、さんはい！
クーイズクイズ、
動物クイズ

また同じ形だね。
次は何の動物さん
でしょうか

🅐を見せて、何の動物かを尋ねる。

⑧

少しヒントをあげるね。
ちらっ、ちらっ。
黄色いお耳が見えたね

🅓を少し引き出して、イラストをちらりと見せる。

正解は……
じゃじゃーん！
トラさんでした
みんなわかったんだ、
すごいね

⑨

🅓を完全に引き出して、正解を教える。見えないところで、🅐に🅔を差し込んでおく。

いくよ、さんはい！
クーイズクイズ、
動物クイズ
次は何の
動物さんかな？

⑩

🅐を見せて、何の動物かを尋ねる。

⑪

ヒントがほしい人！
じゃあ、少しだけ
ヒントをあげるね

🅔を少し引き出して、イラストをちらりと見せる。

⑫

正解はぶたさんでした
次は最後の問題です

🅔を完全に引き出して、正解を教える。見えないところで、🅐に🅕を差し込んでおく。

いくよ、さんはい！
クーイズクイズ、
動物クイズ

さあ最後は
何が出てくるかな

Ⓐを見せて、何の動物かを尋ねる。

じゃあ少しだけ
ヒントをあげるね

すごいね、
みんなすぐに
わかっちゃったね！

Ⓕを少し引き出して、イラストを
ちらりと見せる。

2
シアターであそぼう

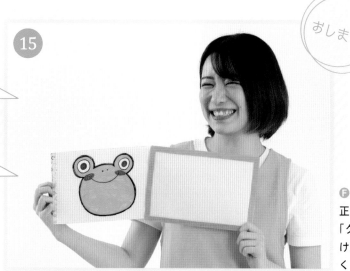

おしまい！

いくよ、じゃじゃーん！
ゲロゲロゲロゲロ、
かえるさんでした

同じ形だけど違う動物さんが
いっぱいいるんだね
それじゃあ、クーイズクイズ
おーしーまい

Ⓕを完全に引き出して、
正解を教える。最後だけ、
「クーイズクイズ」の掛
け声をアレンジして締め
くくっても。

3分で準備OK！

すりぬけるポンポン

用意するもの

□ 細工したペットボトル
□ ポンポン

mocaちゃん's ワンポイント

ペットボトルのサイズはお好みでかまいませんが、必ずラベルがのりづけしてあるタイプを使って。穴を開けるときは、ラベルの下側ギリギリに開けるのがポイントです。ポンポンはビー玉や小さくまるめた紙の玉、ペットボトルのキャップでも代用できます。

たねあかし

①ペットボトルのラベルの、のりづけしてある部分を丁寧にはがす。ラベルで隠れる部分に、カッターナイフで穴を開ける。

②穴にポンポンが通るかどうかをチェックする。すんなり通ればOK。

③ラベルを元通りに貼り直す。粘着力が弱くなっていたら、テープのりで補強する。

①

今日は先生が
いつも飲んでいる
お水のペットボトルを
持ってきました

このポンポンを
ペットボトルの中に
入れたいんだけど、
うまく入らないんだ

細工したペットボトルを見せる。ふ
たを外し、ペットボトルに何回か当
てて、中に入らないことを伝える。

②

このポンポンにパワーを
集めたいから、
「mocaちゃんパワー！」って
掛け声を言ってくれるかな

いくよ、
mocaちゃんパワー！
これで魔法のポンポンに
変身しました

子どもたちに「mocaちゃん
（〇〇先生）パワー」の掛け
声をかけてほしいと伝える。

③

みんなのパワーを
ためこんで……

ペットボトルに開けた穴に、ラベ
ル越しにポンポンを押し込む。

すごーい、
大きな拍手ー！

マジック
成功！

④

ペットボトルの中にポン
ポンが入っているのを見
せる。最後はみんなで拍
手して締めくくる。

みんなのパワーで
ペットボトルの中に
ポンポンが入りました

やさしくマナーをおしえよう 紙しばい

ありがとう

紙しばい「ありがとう」

用意するもの

☐ 紙しばい用のイラスト　4枚

※ 120 ページに紙しばいの図案を掲載しています。

A

男の子と
うさぎのぬいぐるみを
持つ女の子

B

うさぎのぬいぐるみを
持つ男の子

C

ありがとう名人の
ありさん

D

笑顔の男の子と
女の子

1

女の子がうさぎさんで
あそんでいると、
男の子がやってきて……

（男の子）そのうさぎさん、
ぼくに貸してほしいな。
（女の子）うん、いいよ。
はい、どうぞ！

Aを見せて、お話を始める。
「はいどうぞ！」まで話し終
えたら、**B**に入れ替える。

2

貸してくれて嬉しいけど、
ありがとうって言うのは
恥ずかしいなあ

セリフを言うときは、少
し恥ずかしそうな声色
に。言い終えたら**C**に入
れ替える。

③

ありさんのセリフは、元気よく
しゃべるのがコツ。言い終えた
ら⒟に入れ替える。

> そんなときは
> ぼくにおまかせ！
> ありがとう名人の
> ありさんに変身！

④

> （女の子）うん、
> どういたしまして

> （男の子）ねえ、ねえ。
> ……貸してくれて、
> ありがとう！

男の子のセリフは、最初は恥
ずかしそうに、「ありがとう」
は元気よくしゃべって。

おしまい！

⑤

明るい口調で締めくくる。

> ありさんのパワーで
> 「ありがとう」が言えました。
> よかったね！

◁ mocaちゃん's
ワンポイント ▷

男の子と女の子のセリフを、演
じ分けることができれば完璧！
感情をこめると、より子どもた
ちを引き込めますよ。シンプル
にまとめた紙しばいなので、す
きま時間に最適です。

やさしくマナーをおしえよう　**紙しばい**

ごめんなさい

紙しばい「ごめんなさい」

用意するもの

□ 紙しばい用のイラスト　4枚

※ 122ページに紙しばいの図案を掲載しています。

A

紙をやぶっている
女の子と
泣いている女の子

B

泣いている女の子と
それを見ている女の子

C

ごめんなさい名人の
サイくん

D

女の子2人が仲直り

1

紙をちぎって
ビリビリあそびを
している子がいるね

でも、そのなかに
お友だちの大切な絵が
あったみたい

Ⓐを見せて、お話を始める。
「……あったみたい」まで話
し終えたら、Ⓑに入れ替える。

2

（三つ編みの子）
えーん。これは先生に
プレゼントするために、
一生懸命描いたのに

（おかっぱの子）
そうだったんだ！
どうしよう、謝らなきゃ。
でも、言いづらいなあ

三つ編みの子のセリフは悲しそうな、おかっぱの子は困った
ような声色に。言い終えたらⒸに入れ替える。

③

サイくんのセリフは元気よく。
言い終えたら **Ⓓ** に入れ替える。

> そんなときは
> ぼくにおまかせ！
> ごめんなさい名人の
> サイくんに変身！

④

> （おかっぱの子）
> ねえ、ねえ、
> 大切な絵だって
> 知らなくて……
> ごめんなさい！

> （三つ編みの子）
> そうだったんだ。
> じゃあもういちど描くね

> （おかっぱの子）
> 私も一緒に描いても
> いいかな？
>
> （三つ編みの子）
> うん、一緒に描こう！

おかっぱの子のセリフは、最初は恥
ずかしそうに、最後は元気よく。

2

シアターであそぼう

⑤

おしまい！

> ふたりは仲直り
> できたようです。
> よかったね！

明るい口調で締めくくる。

mocaちゃん's
◁ ワンポイント ▷

「ありがとう」「ごめんなさい」
が言えると、子ども同士でコ
ミュニケーションがうまくとれ
るようになりますよ。ぜひ実践
してみてください！

食事のマナーを楽しく学ぶ

紙しばい

いただきます／ごちそうさま

紙しばい「いただきます / ごちそうさま」

用意するもの

□ 紙しばい用のイラスト　4枚

※ 124 ページに紙しばいの図案を掲載しています。

A いただきます

B 農家の人

C おうちの人

D ごちそうさま

1

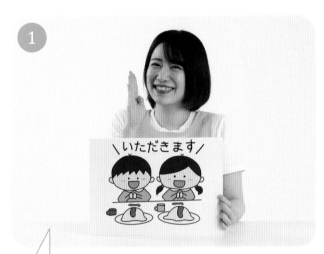

今日のごはんはオムライス
みんなで一緒に「いただきます」
元気な声で
いただきますを言うと……

Ⓐを見せて、お話を始める。「言うと……」まで話し終えたら、Ⓑに入れ替える。

2

オムライスの材料を
作ってくれた
農家の人たちはニッコニコ！

笑顔で話すのがポイント。話し終えたらⒸに入れ替える。

こちらも笑顔で話して。言い終えたら D に入れ替える。

そして、オムライスを作ってくれたママ（おうちの人）もニッコニコ!

mocaちゃん's ワンポイント

食育の一環にもなる紙しばいです。今回はオムライスを描きましたが、子どもが好きな料理なら何でもOK! 給食やお弁当の前に行うのがおすすめです。

おしまい!

いつも食べているごはんはたくさんの人たちのおかげでできているんだね

そんなたくさんの人たちにありがとうの気持ちをこめて「ごちそうさまでした」

「ごちそうさまでした」を言うときは、手を合わせて。

あそぶときに気をつけること

POINT 1

刃物や厚紙は取り扱いに注意！

製作あそびをするときは、子どもが文具をあやまって口に入れたり、紙類で手を切ったりしないよう、しっかりと見守ること。誤飲や目に入る等のトラブルには十分注意してください。特に小さい子どもの場合は、刃物や絵の具などを手の届く場所に置かないようにしましょう。

POINT 2

あそんでいる間は
子どもから目をはなさない

どんなあそびでも、必ず大人が付き添い、子どもから目をはなさないこと。子ども同士でぶつかったり、あそび道具が刺さったりしてけがしないよう、気をつけましょう。

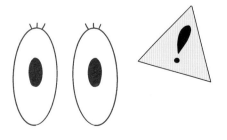

POINT 3

会話のキャッチボールが
大切

あそびの主役は子どもたち。やりとりが一方通行にならないよう、子どもたちにクイズの答えをたずねたり、感想を聞いたりと、会話のキャッチボールを心がけて。製作あそびや運動あそびを上手にできたら、しっかりとほめてあげることも大切です。

作ってあそぼう

身近な材料で簡単にできる、
製作あそびのアイデアが満載！
誕生日会や季節のイベントに使える作品も
紹介しています。

暑い夏はカラフルな氷でひんやり

氷でお絵かき

1
製氷皿に
絵の具を入れる

それぞれのブロックに、好きな色の絵の
具を絞り出す。

2
それぞれのブロックに
水を注いでいく

隣のブロックと色が混ざらないように、
7割くらいの高さまで水を注ぐ。注ぎ口
のあるビーカーなどが便利。

3
細い絵筆などで
絵の具を溶く

ブロックごとに、筆で絵の具を溶かす。
違う色の絵の具を混ぜるときは、筆を軽
く水洗いして。

4
製氷皿に
アルミホイルをかぶせる

アルミホイルを製氷皿が覆えるくらいの
長さに切り取り、水がこぼれないよう静
かにかぶせる。

5
水がこぼれないよう
ぴったりと覆う

製氷皿のデコボコに合わせて、アルミホ
イルでぴったりと覆う。

6
ストローをはさみで
短くカットする

ストローをはさみで5センチほどの長さ
にカット。色や柄のついたストローなら、
よりかわいい。

用意するもの

□ 製氷皿　　　　　　　□ プラスチックストロー
□ 水彩絵の具　　　　　□ つまようじやペンなどの先がとがったもの
□ 細めの絵筆　　　　　□ 画用紙
□ アルミホイル　　　　□ はさみ

⑦ アルミホイルに穴を開ける

つまようじやペンの先などで、ブロックごとにストローが通る程度の穴を開ける。

⑧ 穴にそっとストローをさす

持ち手となるストローを、先ほど開けた穴にさしていく。できるだけ垂直に立てるのがポイント。

⑨ 冷やし固めたらお絵かきしてみよう！

冷凍庫でよく冷やし固めたら、アルミホイルを外し、色のついた氷を取り出せば準備完了。

完成！

mocaちゃん's ワンポイント

絵の具の量が少ないと、できあがりのときに色が薄くなってしまうので要注意。絵の具を溶かしてみて、「ちょっと濃いかな」と思うくらいがちょうどいいですよ！　ストローはアイスの棒でも代用できます。

3
作ってあそぼう

ぷるぷるの触感が楽しい！

寒天あそび

① タッパーにお湯を入れる

タッパーの半分くらいまでお湯を入れる。タッパーのかわりに、ゼリーの空きカップや紙コップを使ってもOK。

② 寒天を入れる

お湯に寒天を入れる。寒天の分量は、お湯400mlに対して、寒天2g程度。

③ 寒天を溶かす

ヘラで寒天をしっかりと溶かす。ゴムベラはまんべんなく混ぜやすい、便利なアイテム。

④ 食紅を垂らす

好きな色の食紅を数滴垂らす。容器をいくつか用意して、いろいろな色の寒天を作っても楽しい。

⑤ 食紅を混ぜる

ムラが出ないよう、ヘラで食紅をしっかりと混ぜる。寒天を何色か作る場合、1色を混ぜるごとにヘラを洗って。

⑥ 冷蔵庫で冷やし固める

寒天が固まるまで、冷蔵庫でしばらく冷やす。

用意するもの

☐ 寒天　　☐ タッパー
☐ 食紅　　☐ バット
☐ お湯
☐ ゴムベラ

⑦ 寒天を取り出す

寒天が固まったら、形が崩れないように
タッパーから外し、バットに移す。

⑧ ぷるぷるの触感を楽しもう

寒天をにぎったりちぎったりして、手ざ
わりを楽しんで。暑い日なら、ひんやり
して気持ちいい♪

完成！

◁ mocaちゃん's ワンポイント ▷

食紅は手や容器に残りやすいので、
3歳以上のお子さんとあそぶなら、絵
の具を使ってもいいですね。その場
合は、最初にお湯に絵の具を溶かし
てから、寒天を入れてください。寒
天がなければゼラチンでもOK。寒
天とはまた違った触感が楽しめます。

3
作ってあそぼう

小さい子どもでも安心♪

かたくり粉スライム

1

かたくり粉に水をそそぐ

バットにまんべんなくかたくり粉を広げて、水をそそぐ。かたくり粉 200g に対して、水 170ml 程度を目安に。

2

ヘラでよく混ぜる

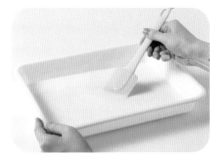

全体がなめらかになるまで、ヘラでよくかき混ぜる。固いと思ったら、水を少し加えては混ぜて、くり返し調整しよう。

3

スライムをカップに移す

透明のカップにスライムを移す。カップがなければ、ゼリーの空きカップなどで代用しても OK。

4

スライムに食紅を入れる

スライムに食紅を少量入れる。スライムをいくつかのカップに小分けにして、いろいろな色のスライムを作ろう。

5

わりばしでよく混ぜる

割っていないわりばしで、食紅をよく混ぜる。色が薄ければ、少し食紅を足して、混ぜながら濃さを調整して。

◁ mocaちゃん's ワンポイント ▷

材料がかたくり粉と食紅だけなので、万が一小さいお子さんが口に入れても大丈夫！服についても、水洗いですぐに落とせますよ。

用意するもの

- □ かたくり粉 200g
- □ 水 170ml 程度
- □ 食紅
- □ バット
- □ 透明のカップ
- □ わりばし
- □ プラスチックスプーン

かたくり粉は急激な力を加えると固くなり、逆にゆっくり混ぜたり、さわったりすると、トロトロの状態に戻ります。このような現象のことをダイラタンシー現象と言います。ぜひ実験してみてくださいね。

完成！

わりばしやプラスチックスプーンを使って長く伸ばしたり、違う色のスライムを混ぜたり、直接さわって感触を楽しんだり、あそび方はいろいろ！

スタンプあそび3種を紹介！

ちょうちょを描こう

画用紙を使って

 1

ちょうちょの輪郭を描く

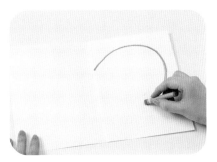

画用紙を二つ折りにして、谷折りにした面の右 or 左半分に、クレヨンでちょうちょの輪郭を描く。

 2

パレットに絵の具を出す

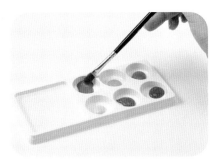

パレットに何色か、絵の具を出しておく。ちょうちょの羽をイメージして、きれいな色を選ぼう。

 3

輪郭の内側に色を置いていく

ちょうちょの輪郭の内側に、2〜3色の絵の具を置いていく。輪郭ギリギリに絵の具を置かないのがコツ。

 4

画用紙を二つ折りにする

そっと画用紙を二つ折りにして、手のひらで上から押さえる。画用紙を開くと、きれいなちょうちょのできあがり！

仕上げに、ちょうちょの形に切り抜いて、色画用紙に貼っても◎

完成！

用意するもの

画用紙を使って
□ 画用紙
□ クレヨン
□ 水彩絵の具
□ パレット
□ 絵筆

スポンジを使って
□ 小さめのキッチンスポンジ
□ 輪ゴム
□ 水彩絵の具
□ 絵筆
□ 画用紙

スポンジを使って

 スポンジを輪ゴムで縛る

スポンジの中央を、輪ゴムできつく縛る。リボンのような形になればOK。

 スポンジの片面に絵の具を塗る

太いボーダーを描くように、絵筆で絵の具を塗る。仕上がりをイメージしながら、色の組み合わせを工夫してみて。

 画用紙にスタンプ！

スポンジを画用紙にスタンプすると、きれいなちょうちょが登場！ 絵の具が乾いたら、クレヨンで背景を描きこんでも。

完成！

moca ちゃん's ワンポイント

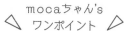

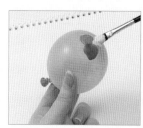

ふくらませた風船に絵の具を塗って、ポンポンとスタンプしてもかわいい作品ができます。

3

作ってあそぼう

もこもこの泡でお絵かき♪

ホイップアート

1
シェービングフォームと 洗濯のりをボウルに入れる

シェービングフォームをボウルに入れ、洗濯のりを加える。割合は1対1で。

2
なめらかになるまで 混ぜ合わせる

全体がなめらかになるまで、プラスチックスプーンでゆっくりと混ぜる。

3
小分けにしたホイップに 絵の具を垂らす

小さい容器をいくつか用意し、ホイップを小分けにする。それぞれに違う色の絵の具を垂らしていく。

4
スプーンでよく混ぜる

全体的に色が均一になるまで、プラスチックスプーンでよく混ぜる。色が薄ければ、少し絵の具を足しては混ぜて調整を。

5
塗り絵の感覚で ホイップを置く

厚紙に油性ペンで絵を描き、好きな色のホイップを置いていく。厚紙の下に、水を通さないシートを敷くと安心。

6
輪郭に沿って ホイップをのばす

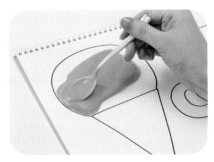

絵の輪郭からはみ出さないよう、ホイップをプラスチックスプーンで丁寧にのばす。厚さが均一になるようにするとGOOD。

⑦

塗り終わったら
しっかり乾かす

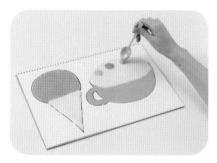

ホイップは重ね塗りしても OK。5〜7日以上、しっかりと乾かしてから、表面の手ざわりを楽しんでみて。

◁ mocaちゃん's ▷
ワンポイント

ホイップを丸く置いて、つまようじでスッと表面をなでると、ラテアートみたいな模様ができますよ♪

完成！

ぷっくりとふくらんだ立体的なイラストがかわいい！　プニプニとした感触も楽しいですよ。

動く目玉がポイント！

センサリーバッグ

① ストックバッグに 整髪用ジェルを入れる

ストックバッグのジッパーを開けて、整髪用ジェルを入れる。大きめのストックバッグに、整髪用ジェル300g程度が目安。

② 目玉シールを入れる

いろいろな大きさの目玉シールを入れて、目玉がすべて表側にくるようにする。お好みで小さめのビーズを入れてもOK。

③ ビニールテープで ジッパーを閉じる

整髪用ジェルがもれないよう、ビニールテープでしっかりとジッパーを閉じる。

④ ジッパーの両面を 閉じると安心

細めのビニールテープを使う場合、ジッパーを二重に閉じてもいい。

⑤ 厚紙にセンサリー バッグを貼りつける

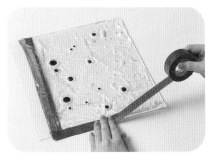

センサリーバッグと同じくらいの大きさに切った厚紙を敷き、センサリーバッグと厚紙の左右、下部をしっかりと貼り合わせる。

⑥ 裏側もしっかりと 貼り合わせて

センサリーバッグを裏返して、裏側もビニールテープで貼り合わせる。

⑦ 画用紙に絵を描く

センサリーバッグより少し小さめに切った画用紙に、好きな絵を描く。目玉をつけたところをイメージして。

⑧ すき間に画用紙を入れる

センサリーバッグと厚紙の間に、絵を描いた画用紙を入れる。

⑨ 目玉シールを動かして遊ぶ

やわらかい感触を楽しみながら、目玉シールを動かして遊ぼう。モンスターの絵なら、目玉をいっぱいつけても♪

△ mocaちゃん's ワンポイント ▷

整髪用ジェルは洗濯のりでも代用できます。触り心地の違いを楽しんでみてくださいね。

今回はモンスターを描きましたが、子どもが好きな動物やキャラクターにアレンジしてもOK！

完成！

ひんやり感を楽しんで♪

溶けない雪

①

重曹をバットに入れる

バットに適量の重曹を入れる。このあとにリンスを加えて混ぜるので、こぼれない程度の量に。

②

リンスを加える

雪らしく仕上げたければ、無着色のリンスを使うのがおすすめ。こだわりがなければ、色のついたタイプでも。

③

感触を確かめながら混ぜていく

重曹とリンスを混ぜる。ある程度混ざったら、ギュッと握って、感触をチェックしてみて。

④

うまくかたまらなければリンスを足す

かたまりづらいと感じたら、リンスを少し足して、再度混ぜ合わせる。これをくり返し、好みの感触になるよう調整を。

雪が好きな子にぜひあそんでほしい、一年中楽しめる雪あそびです。

完成！

用意するもの

- □ バット
- □ 重曹
- □ リンス（無着色のもの）

moca ちゃん's
△ ワンポイント △

冷蔵庫で冷やすと、より雪のような感触を楽しめます。ほかのものに香りが移らないよう、ストックバッグに入れるか、バットにラップをかけるといいですよ。

肌が弱いお子さんなら、ポリエチレンなどの使い捨て手袋をはめてあそぶことをおすすめします

バットの下に新聞紙を敷いておくと、あそんだあとの片づけがスムーズですよ♪

溶けないので、自分のペースでゆっくり雪だるまを作れます。完成したら記念に写真を撮っても◎

お誕生日やイベントに

メダルを作ろう

紙コップのメダル

1 紙コップに
切り込みを入れる

紙コップの側面がきれいに8等分になる
よう、縦に切り込みを入れていく。

2 同じくらいの
太さになればOK

1ヵ所切り込みを入れたら、その向かい
側に切り込みを入れると、太さが均等に。

3 花びらになる部分の
ふちを丸く切る

8本それぞれのふちを、花びらに見える
ように丸く切りとる。

4 花びらを好きな色で塗る

ここではひまわりをイメージして、黄色
をチョイス。

5 丸い部分に模様を描く

模様を描くほか、好きな絵を描いたり、
シールを貼ったりしても。

6 リボンを貼りつける

首にかけられる程度の長さに切ったリボ
ンを、メダルの裏面に貼りつける。

mocaちゃん's
ワンポイント

丸い部分に、ぴったりの大き
さに切った写真を貼るのもお
すすめ。子どもたちの写真を
入れてもかわいいですよ♪

完成！

色を塗る際は、紙コッ
プの下に新聞紙やチラ
シを敷いておくとはみ
出しても安心。

お花紙のメダル

1 重ねたお花紙をじゃばら折りにする

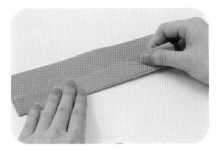

同じ色のお花紙を4〜5枚重ね、幅1cm程度のじゃばら折りにする。

2 ホッチキスで留める

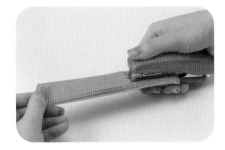

端から5cmあたりを、写真のようにホッチキスで留める。

3 端をはさみで丸くカット

留めた部分を中心に二つ折りにして、留めていない側の端を丸く切りとる。

4 お花紙を1枚ずつめくっていく

留めた部分を中心に左右に開き、お花紙を1枚ずつめくって花の形にする。

5 画用紙を丸く切る

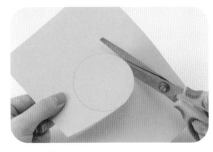

次はメダルの土台作り。画用紙を花よりふた回り程度小さい丸になるよう切る。

6 画用紙に両面テープを貼る

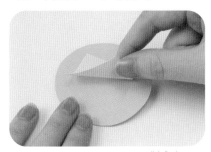

画用紙に両面テープを貼り、剥離紙（はくりし）をはがしておく。

7 画用紙に花を貼りつける

花の形が崩れないように、そっと画用紙に貼りつける。

8 リボンを貼りつける

首にかけられる程度の長さに切ったリボンを、メダルの裏面に貼りつける。

完成！

お花紙の色はお好みで。

3 作ってあそぼう

画用紙のメダル

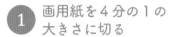

1 画用紙を4分の1の
大きさに切る

B6サイズの画用紙を縦半分に折って切
り、もういちど縦半分に折って切る。

2 縦方向へ二つ折りにする

写真のように二つ折りにする。

3 さらに二つ折りにする

二つ折りにした画用紙を、さらに二つ折
りにする。しっかりと折り目をつけて。

4 さらに二つ折りにする

四つ折りにした画用紙を、さらに二つ折
りにする。

5 もういちど
二つ折りにする

もういちど二つ折りにし、上から押さえ
て、しっかりと折り目をつける。

6 折り目に沿って
じゃばら折りにする

画用紙を広げ、折り目に沿ってじゃばら
折りにする。同じものを2つ作る。

7 一方の端に
両面テープを貼る

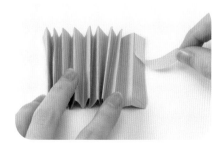

一方の端に両面テープを貼り、剥離紙を
はがす。

8 じゃばらの端と端を
貼り合わせる

もうひとつのじゃばらの端と貼り合わせ
る。

9 もう一方の端と端も
貼り合わせる

もう一方の端と端も両面テープで貼り合
わせ、つなげて輪っかにする。

用意するもの

画用紙のメダル
□ 画用紙
□ ボタン（シール）
□ ラッピング用リボン
□ はさみ
□ 瞬間接着剤

10 平らな場所に伏せて置く

写真のように、つなげたじゃばらを平らな場所に伏せて置く。

11 上から押して花の形に

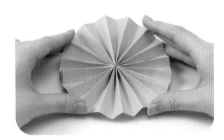

両手で優しく押しつけると、きれいな花の形になる。

12 まん中に接着剤をつける

花のまん中に、適量の瞬間接着剤をつける。まわりに垂れないように注意。

13 ボタンを貼りつける

瞬間接着剤の上に、好みのデザインのボタンを表裏両面に貼りつける。

14 リボンを貼りつける

首にかけられる程度の長さに切ったリボンを、メダルの裏面に貼りつける。

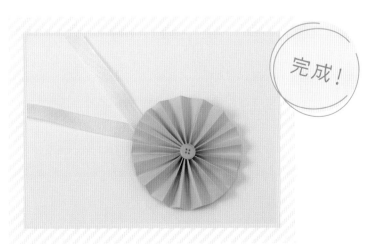

完成！

mocaちゃん's
△ ワンポイント △

ボタンのかわりに、丸く切った画用紙やシールを貼ってもかわいく仕上がります。お誕生日会や運動会などのイベントに使えるシンプルなメダルをえらびました。ぜひご活用ください！

3
作ってあそぼう

あそびながら配色も学べる！

お花紙 魔法の色水

① お花紙をちぎる

お花紙を3枚重ねて、手で細かくちぎっていく。

② 同じくらいの大きさに

親指の先くらいの大きさになるよう、お花紙をすべてちぎる。

③ ほかの色のお花紙も同様に

4色のお花紙を、すべて同じようにちぎり、色ごとにまとめておく。

④ 水を入れたペットボトルにお花紙を入れる

ラベルをはがしたペットボトルに3分の1ほど水を入れ、お花紙を入れる。

⑤ きれいな色水のできあがり！

お花紙の色水が完成。同じ手順で、4色のお花紙で4色の色水を作る。

⑥ あそぶときはよく混ぜる

時間をおくとお花紙が沈むので、あそぶときはよく混ぜて。

用意するもの

□ お花紙 4色
□ 500mlのペットボトル4本
□ 水
□ 透明のプラスチックカップ

□ プラスチックスプーン

 7

色水をカップにそそぐ

1個のカップに、違う色の色水を少量ずつそそぐ。

 8

色水を混ぜて配色を楽しむ

プラスチックスプーンで混ぜて、色が変わっていく様子を楽しもう。

完成！

mocaちゃん's
ワンポイント

どの色とどの色を混ぜると、どんな色になるのか、いろんな組み合わせを試してみましょう。楽しみながら配色を学べますよ！ あらかじめザルやキッチンネットを用意しておくとあそびおわったあとの片づけがスムーズです。

3

作ってあそぼう

指先でお絵かき

フィンガーペイント

① ストックバッグに 画用紙を入れる

画用紙をストックバッグに収まる大きさ に切り、ストックバッグに入れる。

② 画用紙に絵の具を置く

画用紙に好きな色の水彩絵の具を、間隔 を開けながらポンポンと置いていく。

③ 指先を使ってお絵かき

ストックバッグのジッパーを閉めて、指 先で絵の具を自由にのばしてあそぶ。

④ 強さを変えたり 色を混ぜたり

のばすときの力加減で、絵のタッチも変 化。違う色同士を混ぜても楽しい。

完成！

用意するもの

□ ストックバッグ
□ 画用紙
□ 水彩絵の具
□ はさみ

mocaちゃん's
△ ワンポイント ▷

つめを立てすぎるとストックバッグがやぶれてしま
う可能性があるので、注意してください。絵の具が
ストックバッグからはみ出ないか心配な方は、ジッ
パー部分をビニールテープで閉じると安心ですよ。

作品を保存するときは、ス
トックバッグの端をはさみ
で切って、画用紙を取り出
してから乾かしてもOK！

ストックバッグの上から、
油性ペンで絵を描き足して
もGOOD！

完成したあと、ハート
や葉っぱの形に切って
アートっぽく

芸術の秋におすすめ

落ち葉の製作あそび

折り染め

① 絵の具を水で溶く

小さい容器に水を入れ、好みの色の絵の具を少量落とし、絵筆で溶く。少し濃いめに溶くのがコツ。

② コーヒーフィルターを小さく折る

コーヒーフィルターを縦3等分に折り、次に横3等分に折る。これ以外の折り方でも、小さくたためればOK。

③ コーヒーフィルターに色水をつける

コーヒーフィルターを色水にちょんちょんとつけていき、フィルター全体を3〜4色に染める。

④ コーヒーフィルターを広げる

染め終えたら、コーヒーフィルターを広げる。グラデーションに色づき、きれいな模様ができていれば成功！

⑤ しばらく乾かす

コーヒーフィルターを新聞紙の上に置き、しっかりと乾かす。

完成！

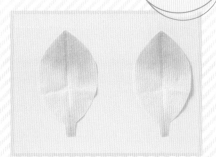

乾いたら、葉っぱの形に切るとかわいい。

用意するもの

折り染め	はじき絵
☐ コーヒーフィルター	☐ クレヨン
☐ 水彩絵の具	☐ 画用紙
☐ 小さい容器	☐ 水彩絵の具
☐ 絵筆	☐ 絵筆
☐ 新聞紙	

はじき絵

 画用紙に落ち葉を描く

 絵の具を水で溶く

 落ち葉を好きな色で塗る

画用紙にクレヨンで落ち葉を描く。もみじやいちょうなどを描くと、秋らしさが出てすてき。

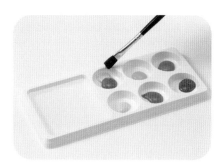

小さい容器に水を入れ、好みの色の絵の具を少量落とし、絵筆で溶く。たっぷりと水を含ませるのがコツ。

輪郭からはみ出すように塗って、クレヨンが水をはじくようすを楽しんで。

mocaちゃん's ワンポイント

カラフルなスタンプ台に落ち葉を押しつけて、画用紙にスタンプするだけの「型押し」もおすすめ。葉っぱの形に合わせて、自由に絵を描き足しても楽しいですよ。

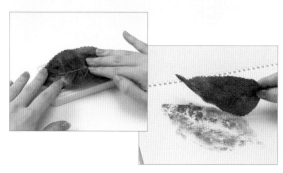

完成！

3

作ってあそぼう

ハロウィンに使える！
くろねこの手作り仮面

① 紙皿を半分に切る

紙皿を二つ折りにして、折り目をつける。折り目に沿って、はさみで半分に切る。

② 二つ折りにして ふちを丸く切る

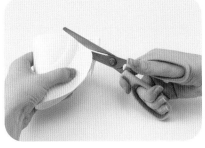

切った紙皿を二つ折りにして、はさみで角を丸く切り落とす。

③ 仮面のベースができあがり

紙皿を開いて、写真のようにふちがゆるくカーブする形になればOK。

④ 目の部分を切り抜く

紙皿を3分の1くらいのところで軽く折り、はさみで目の形に切り抜く。反対側も同じように切り抜いて。

⑤ 切り抜くとこんな感じに

両目がだいたい同じ大きさ、同じ位置になっていれば大丈夫。

⑥ 目のまわりに色を塗る

紙皿の出っ張っている側を上にして、両目をふちどるように、カラーペンで塗る。

⑦ 目以外の部分に色を塗る

目以外の部分を丁寧に塗っていく。こちらはくろねこがモチーフなので、黒のペンで彩色。

⑧ 黒の画用紙を三角形に切る

画用紙を5cm四方に切り、ななめに切って三角形を2枚作る。

⑨ 仮面に耳を貼りつける

仮面の裏側の右上、左上に、画用紙を粘着テープで貼りつける。耳に見えるよう、バランスを見ながら。

⑩ 持ち手を貼りつける

持ち手になるペーパーストローを、粘着テープで貼りつける。先に両面テープで固定しておくと、より外れにくくなる。

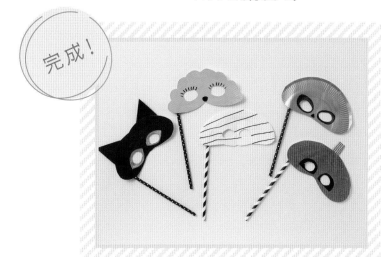

完成！

色やデザインを変えて、
いろいろな仮面を作ってみてください♪

◁ mocaちゃん's
ワンポイント ▷

カラーペンはアクリル絵の具でも代用できます。
絵の具を使う場合は、1色を塗り終えたら、しっかりと乾かしてから次の作業を進めましょう。

運動あそびをするときは

POINT 1

柔軟体操で ウォーミングアップ

いきなり体を動かすと、けがにつながるおそれも。柔軟体操をしたり軽くジャンプしたりと、ウォーミングアップしてからあそびましょう。暑い時期は水分補給も忘れずに。

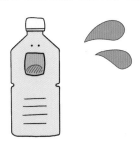

POINT 2

子どもの年齢に合わせて 難易度を調整

小さい子どもとあそぶ場合は、わなげなら的棒までの距離を近くする、ブロックをわりばしでなく手で積むなど、あそびによって難易度を下げるといいでしょう。うまくできないようなら、さりげなくサポートしてあげるのも GOOD。

UP

おまけ　イラストを描くコツって？

キャンディや風船などのシンプルなモチーフには、顔やしましま模様を描きこむだけで可愛く♪

人物や動物などは、ほほに赤みをつけると生き生きと可愛く見えます。

想像だけで描きにくければ、描きたいモチーフの写真やイラストを探して、模写することから始めてみて。

マスキングテープ、可愛い包装紙、シールなど、市販のアイテムに頼るのも手！

動いてあそぼう

あそびざかりの子どもたちが、
思うぞんぶん全身を使ってあそべる！
新聞紙や牛乳パックを利用して、
プチプラを実現しているところにもご注目。

シンプルだけど楽しい！

新聞紙あそび

新聞紙野球／じゃんけん新聞島

新聞紙野球

▶ **作り方**

ボール

新聞紙を丸めて、野球のボールくらいの大きさの玉にする。

ビニールテープを十字に巻いて、形が崩れないようにする。

バット

新聞紙を横半分に折り、くるくる巻いて筒状にする。長さは子どもの身長に合わせて調整を。

両端とまん中あたりをビニールテープで巻き、しっかりと固定する。

▶ **あそび方**

投げて、打って、自由にあそぼう！

① 投げる役と打つ役を1人で担当して、子どもにボールをキャッチしてもらっても。子どもに好きな役を選ばせてもOK。

えいっ！

② 両手でバットを握って、狙いを定めて打とう。子どもがうまく打てた（投げられた）ら、ほめてあげて。

mocaちゃん's
ワンポイント

投げる・打つを1人でやるのは意外に難しいので、どちらかをサポートしてあげると○。新聞紙を使っているので安全ですが、子どもだけであそぶときは、必ず大人がそばについてくださいね。ボールはあまり固くせず、ふんわりと握って作ると柔らかいボールができるので、より安心です。

じゃんけん新聞島

あそび方

じゃんけんをして、負けたら足元の新聞島（しんぶんしま）をだんだん小さくしていくあそび。島がなくなったらゲームオーバー！

新聞紙を1面分のサイズに折り、島に見立てる。足元に新聞島を置いて、その上に立ったらスタート！

じゃんけんぽん！

みんなでじゃんけんをする。大人が「いくよ」などの合図をして、じゃんけんをするとスムーズ。

負けた人は新聞島を半分に折り、小さくなった島の上で勝負を続ける。

❷をくり返す。新聞島が小さくなるたびに、バランスをとるのが難しくなる。

おっとっと〜

バランスをくずして新聞島から落ちるか、新聞島に立てなくなったら負け。

定番のあそびを超プチプラで♪

紙皿あそび

かんたんわなげ

作り方

投げ輪

①紙皿のふちに好きなイラストを描き、くぼみの外周にカッターナイフで切り込みを入れる。

②外周に沿ってはさみを入れ、丸く切り抜く。

③投げ輪のできあがり。あそぶ人数に合わせて、何枚か作っておく。

的棒

①キッチンラップの芯の端に、ふちにそって瞬間接着剤を塗る。

②投げ輪のまん中に、しっかりと貼りつける。

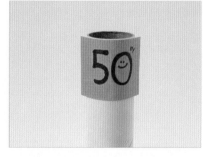

③色画用紙を小さく切り、点数を書いて、的棒の先端に貼りつける。

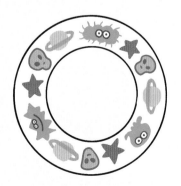

投げ輪はあそぶ人数×2〜3枚作っておくと、続けて挑戦できるのでおすすめ。キッチンラップの芯はトイレットペーパーの芯でも代用できます。

□ 紙皿 5〜6枚　　　□ キッチンラップの芯 2〜3本
□ カラーペン　　　　□ 瞬間接着剤
□ カッターナイフ　　□ 色画用紙
□ はさみ　　　　　　□ 両面テープ

手作りの投げ輪と的棒を使った、定番の室内あそび。床に的棒を置き、子どもに投げ輪を渡したら準備OK。

狙いを定めて、的棒に向かって投げ輪を投げる。子どもが上手く投げられないときは、投げ方のコツを教えてあげて。

上手く的棒に入るかな？　ドキドキ、ワクワクの瞬間。

あそび方

わなげをするだけでもいいけれど、「何回投げて点数が多かった人が勝ち」のようなルールを決めると、よりもり上がること間違いなし！

mocaちゃん's ワンポイント

点数の違う的棒を何本か作って、点数の低い的棒を近くに、点数の高い的棒を遠くに置くとゲーム性がアップ！

やった
入った〜！

4

動いてあそぼう

おすすめ **3歳** から

牛乳パック
あそび

どこまで積めるかな？

ドキドキブロック

作り方

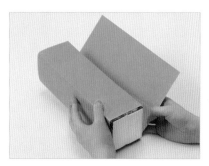

① 洗って乾かした牛乳パックを用意。側面にテープのりで色画用紙を貼りつけながら、四方をくるむ。

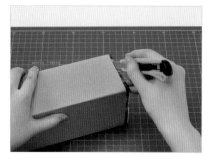

② 牛乳パックの底の部分を、カッターナイフで切り取る。

③ 底の部分を切り取ったら、飲み口のまわりも同じように切り取る。

④ 牛乳パックを平らにたたみ、幅1.5cmくらいに切り落としていく。

⑤ 同じくらいの幅になるよう、最後まで切り落とせばブロックのできあがり。

色画用紙がない場合は、油性のカラーペンやアクリル絵の具で牛乳パックに色を塗ってもOK。

◁ mocaちゃん's
ワンポイント ▷

色画用紙を2〜3色用意して、カラフルなブロックを作るとかわいいですよ。今回はオレンジと黄色のブロックを作ってみました♪

□ 1Lの牛乳パック 2〜3本　　□ はさみ
□ 色画用紙　　　　　　　　　□ わりばし
□ テープのり
□ カッターナイフ

あそび方

わりばしにブロックを引っか
けて、クレーンゲームのよう
に積むと、難易度がアップし
て楽しい。小さい子どもとあ
そぶときは、手でそのままブ
ロックを積んでも。

1

ブロックを 15〜20 個程度と、わり
ばしを用意すれば準備完了。

2

わりばしにブロックを引っかけて、い
くつも積んでいく。

3

バランスを見ながら、慎重に積んでい
く。10 段を超えたらドキドキ!?

4

そろそろ危険？　落ち着いて、慎重に、
慎重に……。

5

わぁー！

残念、崩れちゃった。次はもっとたく
さん積めるように頑張ろう！

4

動いてあそぼう

懐かしいあそびを廃材で

てくてくぽっくり

作り方

① 洗って乾かした牛乳パックの側面に色画用紙を貼り、底から7cmの高さに線を引く。

② 先ほど引いた線のところまで、四方にはさみで切り込みを入れる。

③ 切り込みを入れた部分を、写真のように四方に開く。

④ 箱の部分に新聞紙を詰められるだけ詰めて、四方に開いた部分をかぶせる。

⑤ 向かい合った2枚を、箱の部分から4～5cmはみ出すようにかぶせる。

⑥ 1枚を⑤の上にかぶせて、はみ出した部分を切り取る。

⑦ 残った1枚は、両面テープなどで側面に固定する。

⑧ 箱の部分からはみ出しているところを切り取る。

⑨ ⑤のはみ出した部分に穴を開ける。あまり端ギリギリに開けないこと。

⑩ カラーひもを1mほどに切り、両端を⑨の穴にしっかりと結ぶ。

⑪ カラーひもを強く引っ張って、外れなければOK。これでぽっくりのできあがり。

新聞紙をゆるく詰めてしまうと、ぽっくりに足をのせたときに、つぶれてしまうので要注意。箱の中に、じゃばらに折った牛乳パックを入れると強度がアップ！

あそび方

竹馬のように、ぽっくりに両足を乗せてあそぶ。必ず大人がそばで見守り、足をかけるときなど、必要があればサポートしてあげよう。

mocaちゃん's ワンポイント

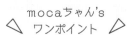

ぽっくりが完成したら、まずは大人が乗って、安心してあそべるかを確認しましょう。

① ぽっくりを2個用意。カラーひもの長さは、子どもの背丈に合わせて調整を。

② カラーひもを持って、ぽっくりに足をかける。大人が支えてあげても。

③ 両足ともぽっくりに乗せたら、バランスをとりながら歩いてあそぶ。

わーい！

④ 慣れれば、こんなポーズもできちゃう。あそびながらバランス感覚も養える。

4 動いてあそぼう

111

みんなでゴールを目指せ！

ダンボールぞうり競争

①片足を置いたときに、はみ出さないくらいの大きさにダンボールをカット。左右にビニールひもを通す穴を開ける。

②穴にビニールひもを通し、足を置いて結んだときに、ちょうどいいくらいの長さに切る。

③紙コップの飲み口に、まんべんなく瞬間接着剤をつける。垂らさないように注意。

④ダンボールの端に、紙コップを貼りつける。

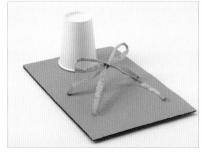

⑤ダンボールぞうりのできあがり。これを1人あたり2個ずつ作る。

きりがなければ、ボールペンやコンパスなど、先がとがっているもので代用してもOK。ひもは直接足に触れるので、柔らかい素材のものを使いましょう。

あそび方

ダンボールぞうりをはいたら、ボールを落とさないようにゴールを目指そう。ゆっくりすり足で慎重に……。

あそぶときは、紙コップの底に乗る大きさのカラーボールを、1 人 2 個ずつ用意。

ダンボールのぞうりに足を置いて、ひもを結んで足を固定する。紙コップの底にカラーボールを置けば準備完了。

ボールを落とさないように、すり足でゴールを目指す。

おっとっと〜、危ない！　バランスを崩さないように、注意しながら進もう。

ボールが落ちちゃった！

ボールを落としてしまったら、スタート地点に戻ってやり直し。誰がいちばんにゴールへ着けるかな？

mocaちゃん's
△ ワンポイント △
紙コップの飲み口を上にして貼りつければ、難易度ダウン。

4

動いてあそぼう

あそび方は無限大 !?

つなわたり/ボールはこび/トンネルくぐり

つなわたり

① プールスティックを大きめのカッターナイフで縦半分に切る。

② 切ったプールスティックを床に並べて置いて、つなわたりにチャレンジ!

③ おっとっと〜

慣れてきたら、プールスティック1本を両足で渡ってみよう。

あそび方

▼ つなわたり ◀

プールスティックの上から落ちないようにそうっと渡ろう! 倒れてケガしないように大人がそばで見守ること。

▼ トンネルくぐり ◀

のぞいたり、くぐったりしてあそぼう! ぶつけても痛くないので、安心。

▼ ボールはこび ◀

ボールを落とさないように、2本のプールスティックをくっつけて持ち、ゆっくり運ぼう。お友だちと息を合わせて。

mocaちゃん's ◁ ワンポイント ▷

トンネルくぐりは、障害物競争のコースのひとつにしてもいいし、小さい子ならハイハイ競争しても楽しいですよ。いろいろなあそび方を考えてみてくださいね♪

用意するもの

つなわたり	ボールはこび	トンネルくぐり
☐ プールスティック　1本	☐ プールスティック　2本	☐ プールスティック　1本〜
☐ カッターナイフ	☐ 小さいカラーボール	☐ カッターナイフ
		☐ ガムテープ

ボールはこび

あーっ

用意するものは、プールスティック2本と、カラーボール1個だけ。

プールスティック2本をくっつけて、2人で両端を持つ。ボールを乗せ、落ちないように運んで。

途中で落ちてしまったら失敗。もう1回チャレンジしよう！

トンネルくぐり

縦半分に切ったプールスティックを輪っかにして、ガムテープで床に固定する。

プールスティックをトンネルに見立てて、くぐってあそぼう。

トンネルをいくつも作って、みんなで競争しても楽しい。

4

動いてあそぼう

どこまで高く積めるかな？

ゆらゆらタワー

作り方

絵を描くのが苦手なら、水玉やボーダーの模様に塗ったり、マスキングテープを貼ったりしてもかわいい。時間がない場合は、柄つきの紙コップを用意しても。

紙コップの側面に、カラーペンで好きな絵を描けばブロックのできあがり。紙コップの底を上にして使うので、絵の上下に注意して。

あそび方

紙コップと色画用紙を交互に重ねていき、どこまで高く積めるかチャレンジしよう！

mocaちゃん's
ワンポイント

トイレットペーパーの芯を半分に切って、折り紙やマスキングテープを貼りつけたものでも代用できますよ♪　紙コップの数は大体10〜15個、色画用紙はA4サイズくらいの大きさで3〜5枚用意しましょう。

用意するもの

□ 紙コップ 10 ～ 15 個
□ カラーペン
□ 色画用紙 3 ～ 5 枚
□ マスキングテープ

絵を描いた紙コップと、色画用紙を用意。色画用紙がなければ、普通の白い画用紙でも。

紙コップを、少し間隔を置いて、底を上にして並べる。

並べた紙コップの上に、色画用紙を置く。

紙コップが倒れないように、色画用紙の上に並べ、さらに色画用紙を重ねる。何段積めるかチャレンジしてみよう！

うまくバランスをとりながら、紙コップをそっと置くのがコツ。置く位置をまちがえると……。

やっちゃった～

残念、3段目を積み終えるまえに崩れちゃった。次はもっと高く積めるようにがんばろう！

4

動いてあそぼう

mocaちゃん ♥♥ オリジナル型紙＆図案集

コピーして
すぐに使える！

P.44

ペープサート
かぼちゃの
ぼうし

かぼちゃのぼうし

コアラ

● 130％程度に拡大コピーしてご使用ください。
● コピーした型紙をもとに色画用紙を2枚切り取っ
てご使用ください。
● 厚手の紙に印刷して、それに色を塗って使用する
こともできます。

パンダ

うさぎ

おばけ

A

男の子と
うさぎのぬいぐるみを
持つ女の子

B

うさぎのぬいぐるみを
持つ男の子

●紙しばいの図案は 230％程度に拡大コピーしてご使用ください。
●画用紙やスケッチブックに貼ってご使用ください。

C

ありがとう名人の
ありさん

D

笑顔の男の子と
女の子

A

紙をやぶっている
女の子と
泣いている女の子

B

泣いている女の子と
それを見ている女の子

●紙しばいの図案は230％程度に拡大コピーしてご使用ください。
●画用紙やスケッチブックに貼ってご使用ください。

C

ごめんなさい名人の
サイくん

D

女の子2人が
仲直り

A

いただきます

●紙しばいの図案は130％程度に拡大コピーしてご使用ください。
●画用紙やスケッチブックに貼ってご使用ください。

B

農家の人

C

おうちの人

●紙しばいの図案は 130％程度に拡大コピーしてご使用ください。
●画用紙やスケッチブックに貼ってご使用ください。

D

ごちそうさま

著者 mocaちゃんTime

1996年生まれ、千葉県出身の保育系YouTuber。

チャンネルでは保育園ですぐに実践できる手遊びやシアター製作・演じ方などを配信しており、そのクオリティーの高さから現役保育士だけではなく保育を志している学生からも絶大な人気を誇っている。

保育学生時代から保育を学ぶために自身もYouTubeを視聴しており、見直しや確認のしやすさから動画学習の利便性を感じていた。

しかしYouTubeで学べるものは誰もが知っているような手遊びなどが多く、コンテンツの少なさや散乱していて見つけづらいといった悩みもあったため、自分でその悩みを解決するコンテンツを発信しようと思い、YouTubeにて動画投稿を開始。

実際にチャンネルではその悩みを解決するような手遊びのまとめ動画などが圧倒的な視聴回数を叩き出しており、そのアイデアの豊富さから身近なもので簡単にできるシアターや製作も人気。

今では活躍の場はYouTubeだけに留まらず、保育の総合情報誌「PriPri」（世界文化社）にも掲載され、徐々にその場を広げている。

手あそび監修 阿部 直美（あべ なおみ／筆名 さくらともこ）

乳幼児教育研究所 所長。

長年、子どものあそび歌を収集すると同時に、手あそび歌の創作活動にも力をそそぐ。代表作品・手あそびに「いっちょうめのドラねこ」「パンやさんにおかいもの」。NHK幼児番組への企画・作品提供、幼児向けビデオ、CDの制作などを手がける。

デザイン・編集協力	有限会社スタジオエクレア	作品原案	ひろたあきら（P.38〜43）
イラスト	mocaちゃんTime	出典：『むれ』KADOKAWA発行	
楽譜制作・編曲	今村 康（音楽工房 Kanon Und Gigue）		
撮影	天野憲仁（株式会社日本文芸社）		
協力	株式会社 BitStar		

内容に関するお問い合わせは
小社ウェブサイトお問い合わせフォームまでお願いいたします。
ウェブサイト　https://www.nihonbungeisha.co.jp/

保育で使える mocaちゃんのあそびアイデアBOOK

2022年2月10日　第1刷発行
2022年3月20日　第2刷発行

著　者	mocaちゃんTime
発行者	吉田芳史
印刷所	株式会社暁印刷
製本所	大口製本印刷株式会社
発行所	株式会社 日本文芸社

〒135-0001　東京都江東区毛利 2-10-18 OCMビル
TEL 03-5638-1660（代表）

Printed in Japan 112220126-112220311 Ⓝ02（180011）
ISBN978-4-537-21963-0
URL https://www.nihonbungeisha.co.jp/
Ⓒmocachantime 2022
（編集担当 藤澤）